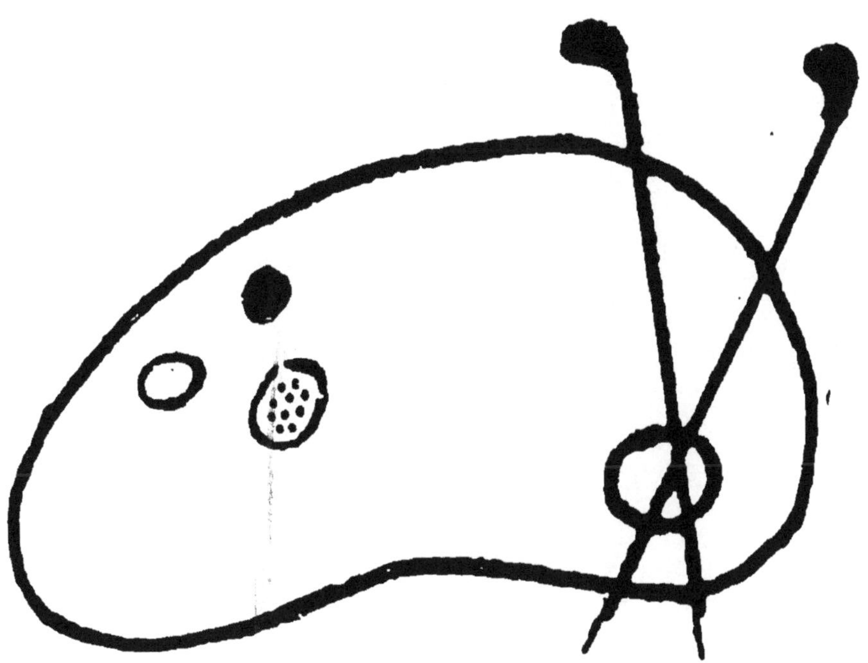

Couvertures supérieure et inférieure
en couleur

LARMES ET SOURIRES

de l'Émigration Italienne

IL A ÉTÉ TIRÉ DE CET OUVRAGE :

25 *exemplaires sur papier de la Manufacture Impériale du Japon, numérotés de 1 à 25*
25 *exemplaires sur papier Whatman, numérotés de 26 à 50.*

R. PAULUCCI di CALBOLI

LARMES ET SOURIRES
DE
l'Émigration Italienne

Préface de M. Jules Claretie
de l'Académie Française

PARIS
Société d'Édition et de Publications
Librairie Félix JUVEN
13, RUE DE L'ODÉON, 13

A MA TRÈS CHÈRE FEMME

PRÉFACE

Il y a bien longtemps que je n'ai rencontré dans la rue un de ces petits Italiens pleurant devant des statuettes de plâtre, brisées ou invendues. Qui n'a pas vu ce triste spectacle? Des figurines alignées sur le rebord de quelque logis, et, essayant vainement d'attirer l'attention des passants, un pauvre petit colporteur de ces plâtres, se désolant à l'idée de rentrer chez le padrone les mains vides et le panier plein. « Comment! tu nous rapportes ta marchandise, imbécile qui n'as pas su vendre! Tu te coucheras, ce soir, sans manger! » Ces rencontres pitoyables se font plus rares, parce qu'en faveur de ces enfants martyrs un homme de cœur est intervenu et a mis son talent au service d'une juste cause : la protection des petits.

M. le marquis Paulucci di Calboli, que nous avons connu premier secrétaire à l'ambassade d'Italie à Paris, au temps de l'éminent comte Tornielli, et qui est aujourd'hui envoyé extraordinaire et ministre plénipotentiaire auprès de la Cour de Portugal, s'est avisé de plaider pour les souffrants et les faibles. Je me rappelle l'émotion causée par son premier article sur la Traite des petits Italiens, *lorsque le distingué diplomate, qui est aussi un remarquable écrivain, donna cette étude à* « La Revue » *de M. Jean Finot. L'auteur de tant de travaux philosophiques supérieurs, la* Philosophie de la Longévité, *le* Préjugé des races, *et le défenseur des exilés de la Basilicate, des pifferari et des mouleurs, étaient bien faits pour s'entendre. L'article porta coup, comme on dit, et, depuis la publication de ces études, en Italie et en France, la question de cette traite des enfants, aussi horrible que la traite des blanches, les recherches et les rapports sur le même sujet se multiplièrent, le cri d'alarme ayant été ardemment poussé par M. Paulucci. Il y eut à la Chambre italienne les interpellations de M. Socci; il y eut les* Relazioni *du docteur Cafiero, du professeur Schiaparelli, les articles et les conférences du marquis Sommi-Picenardi, la brochure du professeur Puccini, les conférences du comte Gallarate-Scotti, enfin le roman de M. Édouard Rod,* le Vainqueur, *sans compter l'intervention passionnée d'Amilcare Cipriani, dont on pourra retrouver l'appel et la protestation dans* la « Petite République » *du 29 septembre 1901. Et tout ce mouvement d'humanité et de justice était dû surtout au jeune et généreux diplomate, qui s'était, le premier, jeté dans la lutte et faisait la meil-*

leure des diplomaties : la diplomatie par la pitié.

Il montrait les plaies, il signalait les abus, il les flétrissait. Il s'indignait et il attendrissait.

« J'ai tâché, dit Victor Hugo dans une note du manuscrit de ses Misérables, *de raconter l'histoire d'une de ces fourmis que la loi sociale écrase sans le vouloir et sans le savoir. On ne s'en doute pas et l'on va toujours. »*

L'auteur du présent ouvrage a tâché, lui aussi, de montrer ce que souffrent ces petites fourmis laborieuses. Et il y a réussi. Rien ne vaut la conviction pour arracher des larmes, rien ne vaut les faits pour gagner un procès. Or, ils parlent, ces faits ! Ils crient : ils sont la conversation sans phrases des dolents.

Et ceux-ci rendront un jour aux autres ce qu'ils en ont reçu. Voilà du très bon socialisme.

Tost ou tard, près ou loing,
A le fort du foible besoing.

dit une vieille devise d'imprimerie.

Au XIVe chant du Purgatoire *de Dante, il est question d'un Rinieri, oncle d'un Fulcieri di Calboli qui fut podestat de Florence, et, en cette qualité, s'opposa à laisser rappeler de l'exil le grand poète. De ce Rinieri, Dante a dit :*

Questi è Rinier, questi è il pregio e l'onore
Della casa da Calboli, ove nullo
Fatto s'è reda poi del suo valore...

« Celui-ci est Rinieri, le trésor et l'honneur de la maison de Calboli, où, depuis, nul ne s'est fait héritier de sa valeur... »

Dante s'est trompé. Les Calboli de notre temps continuent à honorer le vieux glorieux nom qu'ils portent, et le représentant du roi d'Italie à Lisbonne travaille à la renommée de son pays et à la sienne propre en ajoutant à ses honneurs officiels l'honneur de servir les causes humaines : la paix, la justice, et, encore une fois, la pitié.

M. Paulucci di Calboli a réuni en ce volume, qui restera comme un document des plus poignants, ses utiles et généreux articles.

Il était bon de pouvoir relire ces pages, œuvre d'un écrivain militant, d'un sociologue averti, après les débats parlementaires qu'elles avaient suscités. Les voici ; et l'auteur de Larmes et Sourires de l'Émigration italienne *peut être fier de son œuvre. Depuis le jour où il a rencontré ses petits compatriotes perdus dans les rues de Londres ; depuis qu'il a, aux environs de Paris, pénétré dans les usines où s'étiolaient les petits verriers, depuis qu'il a flétri la vente des belles filles italiennes par les courtiers en infamie, il a essuyé bien des larmes, il a fait renaître bien des sourires. « On ne se penche pas en vain, sur la douleur humaine », a-t-il dit éloquemment. Il a raison. On en rapporte une émotion profonde qui fait battre les cœurs et attendrit les lois.*

Le marquis Paulucci, qui est un bibliophile érudit, peut placer fièrement cet ouvrage à côté de ses trésors aux belles retiures. C'est un livre.

C'est un livre intéressant. C'est un livre dramatique. C'est un livre généreux. C'est un livre utile. C'est un livre fait pour durer.

C'est un appel éloquent à l'universelle bonté. Ce que la Croix-Rouge des ambulances fait pour les blessés des champs de bataille, l'auteur de ces pages le réclame pour les débiles de la vie.

Et si le vœu du marquis Paulucci di Calboli est exaucé; si l'enquête qu'il a si énergiquement, avec tant de soin et de cœur, poursuivie sur le sort déplorable des petits Italiens est commencée, tentée dans tous les pays —

si la traite des enfants devient un sujet d'étude chez toutes les nations, l'auteur de Larmes et Sourires *n'aura pas seulement signé un beau livre, il aura déterminé un admirable mouvement de solidarité qu'on pourrait appeler l'internationalisme de la pitié.*

Hélas! cet internationalisme vient, à l'heure où j'écris, d'avoir pour s'exercer la plus cruelle des occasions. Les dépêches qui nous arrivent de Sicile semblent des visions dantesques reportées et expédiées par le télégraphe. Et la plume nous tombe des doigts devant tant d'horreurs.

Paix aux morts! Larmes aux victimes! Messine et Reggio et tous ces villages souriants sous les orangers sont au linceul.

Mais les petits exilés de la terre italienne souffrent toujours à travers le monde et ce sont leurs pleurs qu'il faut essuyer — pleurs dont s'inquiète encore là bas, j'en suis sûr, le marquis Paulucci di Calboli, dans « le grand deuil » de la patrie italienne, deuil et douleur qu'ont ressentis fraternellement les cœurs français.

Paris, 31 *décembre* 1908.

JULES CLARETIE,
de l'Académie Française.

INTRODUCTION

Un va-et-vient continuel des peuples et des individus caractérise la civilisation moderne. Presque chaque pays envoie un contingent de ses habitants chercher le bonheur au delà des monts et des mers. Dans ce mouvement d'émigration, l'Italie occupe aujourd'hui la première place. Que se cache-t-il derrière ce mouvement grandissant tous les jours ? Quels sont les motifs qui poussent les gens à se déraciner, et quel est le sort des déracinés dans leur pays d'adoption ? Lorsque, pour la première fois, il m'a été donné d'examiner le sort des petits Italiens rencontrés par moi dans les rues de Londres, tout un monde de sensations inconnues et insoupçonnées s'est ouvert à mes yeux. J'ai entrevu des sujets de drames complexes et multiples. Chaque classe sociale qui se déplace et travaille dans des conditions de vie exceptionnelle, doit naturellement présenter des terrains inépuisables d'observation et d'enseignement. Et plus j'ai étudié ces pauvres déclassés, plus je me suis convaincu de la nécessité d'examiner de près leur existence.

Le lecteur qui voudra bien m'accompagner dans ces pérégrinations sera surpris du cachet particulier qui distingue les mouleurs des musiciens nomades, les cireurs de bottes des vitriers. Leur vie présente partout et toujours des attraits et des charmes particuliers. On les aperçoit derrière la misère ; mais on les aperçoit quand même. C'est de ces observations que naissent les indications également nécessaires pour la patrie qui les rejette loin de son sein et pour le pays d'immigration qui ne les accepte pas toujours de bon cœur. Les lois nouvelles, à la confection desquelles ont contribué peut-être aussi les pages qu'on lira plus loin, démontrent l'utilité pratique de ce genre d'études.

On ne se penche pas en vain sur la douleur

humaine. On y cueille toujours entre les larmes quelques douceurs pour les humiliés de la vie.

L'essai que nous venons de faire pour l'émigration italienne pourrait être étendu à celle des autres pays. Des efforts dirigés dans ce sens naîtra un jour une législation internationale qui sera plus humaine, parce qu'elle s'appropriera davantage aux besoins de tous les déviés de l'existence.

P. di C.

LARMES ET SOURIRES
DE
L'ÉMIGRATION ITALIENNE

PREMIÈRE PARTIE

MÉTIERS PITTORESQUES

CHAPITRE PREMIER

LES MODÈLES

On n'a pas encore oublié le mot blessant prononcé par un écrivain du second Empire à l'égard de notre patrie : « L'Italie qui était jadis un modèle de pays, se trouve être aujourd'hui le pays des modèles. »

Le cruel calembour contient toutefois, on est bien forcé de le reconnaître, une part de vérité.

L'Italie a, en effet, une armée imposante de modèles à l'intérieur, qui pourvoit à l'envoi de nombreux détachements de ses troupes à l'étranger.

Mais si les rapports de nos agents diplomatiques et

consulaires nous les montrent répandus sur toute la surface de l'Europe (1), il en résulte pourtant que le contingent le plus fort est celui qui monte à la conquête des ateliers français.

L'histoire de ce métier, son origine, ses vicissitudes, ses mœurs, la condition morale, sociale et économique des modèles, forment une des parties les plus intéressantes et les moins connues du grand tableau de l'émigration italienne.

*
* *

Aucun autre métier ambulant ne peut se vanter de posséder une histoire aussi ancienne ni aussi étroitement mêlée à celle de l'art et se glorifier d'aïeux plus célèbres.

Tout le monde est d'accord pour admettre que son origine remonte à celle de la peinture et qu'elle est contemporaine de celle de la sculpture.

Quand la préoccupation de la forme s'accentue et quand les yeux sont fatigués d'un art trop fantaisiste, le triomphe d'un sain réalisme s'impose à l'artiste dans son élan vers cet idéal que Platon rêvait dans le « Banquet ».

Il suffit de rappeler l'exemple classique de Zeuxis

(1) Voir dans la publication officielle *Emigrazione e Colonie* les rapports de nos agents à Bruxelles, Berlin, Londres, Munich, Vienne, etc.

et son portrait d'Hélène, déposé au temple de Junon à Crotone. Il est notoire que pour composer la figure de celle que *l'Iliade* avait chantée comme la plus splendide des femmes, les plus belles vierges de la ville posèrent devant le maître pour qu'il empruntât à chacune ce qu'elle avait de plus parfait.

Mais, comme il en fut de tous les métiers à l'origine, il ne s'agissait pas encore d'une véritable profession. L'œuvre était faite soit comme à Crotone pour l'amour de l'art, soit plutôt par vanité, comme le démontre l'exemple de Laïs qui permet aux sculpteurs de mouler ses seins, soit, le plus souvent, par affection pour l'artiste.

Le sujet du célèbre tableau de Chevalier *le Peintre amoureux de son modèle* était très commun à cette époque. Celle dont on étudiait les lignes faisait presque toujours partie intégrante de l'âme de l'artiste, ou sa femme ou son amie, comme Polygnote et Elpiniké, Apelle et Campaspe, Pausias et Glycère. Les superbes statues de Vénus qui ornent nos musées nous démontrent clairement que la nature, dépouillée de tous ses voiles, fut étudiée par les anciens avec le plus grand zèle. Le nu, dans sa chaste grâce et sa pudeur alarmée, s'éleva à la dignité de science. Les athlètes et les gladiateurs ne se refusèrent point à la pose, et à la reproduction de leurs muscles, dans l'espoir d'immortaliser leurs formes.

*
* *

Mais l'étude d'après nature disparaît avec le paganisme.

Le dédain de la beauté corporelle, la préoccupation du spiritualisme, le milieu sombrement ascétique du moyen âge entraînent l'horreur du sujet profane et surtout du nu. On ne fait volontiers d'exception que pour le diable qui est représenté très souvent sans habit. L'artiste ne s'occupe que des figures de saints et dédaigne d'étudier le corps humain, surtout celui de la femme, créature maudite, cause du péché originel. La conséquence naturelle de ce rigide système est que la nudité, les rares fois qu'elle est représentée, devient troublante à leurs yeux, parce que soulignée. C'est alors qu'une fausse idée de décence adapte cette célèbre ceinture de figuier du père Adam dont se moque si justement Bossuet lui-même dans son *Traité de la concupiscence*, lorsqu'il remarque que « la figure et la matière de ce nouvel habillement font entendre où la rébellion se faisait le plus sentir ». Les mœurs ne permettant plus aux hommes et aux femmes de monter sur une table de modèle, les beaux-arts sont privés de l'aide précieuse de la nature et tombent au plus bas degré de la décadence.

*
* *

C'est à l'Italie que revient l'honneur d'être rentrée la première dans la bonne route (1).

Après la rigidité séculaire des figures hiératiques de Byzance, nous avons enfin un « *primo palpito di moto e di vita* ». On ignore si c'est à Giunta Pisano (2) ou bien à Cimabue (3) que nous devons l'abandon du procédé des maîtres byzantins qui ne peignaient que par tradition et par données conventionnelles d'école. Mais ce fait si important pour l'histoire de l'art et pour celle des modèles, qu'il se soit accompli dans la belle capitale de l'artistique Toscane, ou dans la ville sainte de la Palestine italienne, est le point de départ d'une véritable révolution artistique : l'on revient en effet au corps vivant et à l'imitation complète et exacte de la nature telle qu'on la voit et telle qu'elle est. Le nouveau système devient bientôt très commun, car le *divin poète* peut citer, quelques années plus tard, dans sa *Comédie*, comme chose

(1) Telle n'est pas pourtant l'opinion de Viollet-le-Duc qui voudrait attribuer l'initiative de ce mouvement aux artistes français du treizième siècle. Mais il est bon d'ajouter qu'il est le seul de cet avis.

(2) Crowe et Cavalcaselle ainsi que le Père Della Valle partagent cette opinion : *le Crucifiement*, peint par Giunta dans l'église supérieure d'Assise et où figure le portrait de Frate Elia, est de l'année 1236.

(3) Comme le dit Vasari : « *Dopo la quale fece in una tavoletta in campo d'oro un San Francesco e lo ritrasse* [*il che fu cosa nuova in quei tempi*] *di naturale come seppe il meglio* ».

connue par tout le monde, la comparaison du peintre qui se sert d'un modèle (1).

Par l'étude du corps, le dessin retrouve peu à peu toute sa correction et le coloris son ton naturel. Le modèle ne refuse plus désormais de poser devant l'artiste. Comme dans les temps de l'ancienne Grèce, les types sont fournis généralement par ses filles, par sa femme ou par son amie, surtout par cette dernière. Nous avons ainsi le même phénomène de ce lien d'intime amitié et de savante collaboration entre l'artiste et le modèle. Fra Filippo Lippi s'inspire du beau contour du visage de Lucrezia Buti, et Andrea del Sarto transmet à la postérité le modelé gracieux de la bouche et le fin dessin du nez d'une autre Lucrèce, « nom fort convenable aux personnes de sa profession », comme dirait Gil Blas, la belle Lucrezia del Fede. Les chairs de Violante s'arrondissent dans leurs belles lignes courbes sous le pinceau du Titien, tandis que le Pérugin et son grand élève s'extasient devant les beautés radieuses de Chiara Fancelli et de la Fornarina. La pose devient de plus en plus en honneur; elle est entrée définitivement dans les mœurs et Albert Durer, venant à Venise, peut adoucir sa première manière par les études de la nature qu'il peut faire dans cette ville, où les femmes et les jeunes filles les plus belles et les plus distinguées demandent à poser devant lui.

(1) *Come pintor che con esemplo pinga*, (*Purgatoire*, XXXII, 67).

Adieu, rigidité des mœurs ; adieu, voiles mystiques et feuilles de figuier !

D'un excès on passe vite à l'autre et Cesare Vecelli, le cousin du Titien, faisant allusion peut-être aux tableaux de son parent, se plaint de ce que les peintres modernes ne veulent plus peindre des corps habillés, mais seulement *du nu bien détaché avec tous les muscles de l'anatomie* (1).

Mais il n'y a pas encore de variété dans les types, car le métier proprement dit n'est exercé qu'*en amateur*. En effet, la liste des 531 métiers différents décrits par Thomas Garzoni, au seizième siècle, dans sa *Piazza Universale*, ne fait aucune mention des modèles. Le métier paraît avoir pris une véritable existence seulement au dix-septième siècle.

*
* *

C'est à peu près de la même époque que date l'émigration des modèles italiens en France, avec la fondation du prix de Rome, sous Louis XIV.

Nous n'avions avant cet événement que peu d'individus isolés, qui avaient traversé les Alpes, ayant tout autre métier en main que celui de modèles, à l'instar de Jacobe Rodogine, *italiane femme de basse maison*, que le pinceau du peintre rabelaisien

(1) *Degli abiti antichi e moderni*, p. 73.

J. Garnier nous montre debout sur la table, plutôt modèle que ventriloque. Peut-être les premiers modèles italiens dont se sont servis les artistes français appartenaient-ils aux comédiens et aux mimes qui envahirent la France aux quinzième et seizième siècles et dont la liberté de mœurs nous a été peinte d'une façon si admirable par Lesage. Peut-être aussi faisaient-ils partie de ces maîtres de danse et des danseurs, que l'influence des Médicis et de Mazarin autant que la mode avait appelés d'Italie en France et dont le métier montrait, par une certaine affinité, plusieurs points de contact avec celui de modèle. Ne sont-elles pas toutes les deux, la danse ainsi que la pose, filles jumelles de l'élégance des mouvements du corps combiné avec le jeu du geste et de la physionomie (1)? Mais ce sont les pensionnaires français de l'École de Rome, d'abord au *Corso* et transportée en 1803 à la Villa Médicis, qui ont amené, l'art et l'amour y aidant, la véritable colonisation des modèles italiens à Paris.

L'école ainsi dite de Versailles annonce déjà les premiers succès des fiers et élégants visages des hommes et des formes opulentes des femmes romaines. Le premier Empire en consacre le triomphe complet avec David, Vernet et Schnetz.

(1) D'après Athénée, les danses grecques ont fourni fréquemment aux sculpteurs les motifs de superbes compositions et les danseuses, par réciprocité, se préoccupaient de reproduire dans les exercices publics les poses des statues féminines les plus célèbres.

La Restauration ne change rien à la mode et le grand peintre Louis-Léopold Robert ne croit pouvoir employer que des modèles italiens.

Les vétérans du métier se rappellent encore vaguement certaines illustrations de leur caste, telles que les Stizzi, les d'Agostino, les Fusco, les Colarossi, les Caira, appartenant à des familles qui continuent à fournir des modèles depuis plusieurs générations. Citons Gelone di Gelonia, qui a laissé des mémoires fort curieux et, entre tous les autres, Cadamuro, mieux connu en France sous le nom de Cadamour (1), mort en 1846.

Ce Vénitien, dont Géricault nous a laissé un portrait, était venu en France sous le règne de Louis XVI. Sa rare beauté de formes lui assura le plus grand succès. Il ne tarda pas à être accaparé par David qui lui fit poser le Léonidas des Thermopyles et le Romulus des Sabines et qui le chargea de figurer plusieurs fois en tableau vivant dans les fêtes républicaines. Cadamuro, qui avait la faiblesse de posséder des cartes de visite à son nom suivi du titre : *Roi des modèles*, passa du royaume de David à celui de Girodet, entrant ensuite aux ateliers de Gros, Delaroche et Delacroix.

Parmi les autres modèles célèbres il faut nommer a belle « Minnicuccia » qui a posé pour la « Judith »

(1) On répète encore dans les ateliers parisiens une ancienne chansonnette qui rappelle . *le plus beau des modèles — Cadamour — qui pose avec ficelles*.

pe Vernet (au Louvre) et pour la « Rebecca » (1). Rappelons aussi Maria Stella de Saracinesco et Maria Giuseppe de Cineto Romano, immortalisées par le pinceau de Carolus Duran dans le tableau consacré au musée de Lille, *L'assassiné, souvenir de la campagne romaine*.

* * *

Jusqu'à la moitié du dix-neuvième siècle, cette émigration restreinte provenait presque exclusivement du petit monde des modèles romains qui fréquentaient le quartier classique des artistes, Via Sistina, Via Gregoriana et la « Scalinata » monumentale de la place d'Espagne.

Le monopole du métier disparait vers 1850. C'est vers cette époque que l'émigration italienne s'accroît d'une façon considérable, par le fait du développement du système des *padroni*, qui purent constater au premier moment tout ce qu'il y avait à gagner avec l'importation de la marchandise humaine en France. Paris fut alors inondé de centaines de petits garçons et fillettes de la Campanie et de la Basilicate qui firent une concurrence des plus sérieuses aux anciens modèles des États du Saint-Siège et fournirent un des premiers et plus tristes chapitres de la

(1) Dwight Benton a consacré à ce modèle célèbre de belles pages publiées dans *l'American Magazine*. (New-York, mars 1888.)

traite des petits Italiens. Mais l'aubaine des *padroni* ne dura pas longtemps, car la loi de 1873 vint leur défendre d'exploiter la situation.

L'émigration, toutefois, ne s'arrête point : elle change seulement de système. C'est en vain que les curés des petits villages prêchent la croisade contre le métier immonde et contre les dangers qui attendent les modèles à Paris. Les succès obtenus, les gains réalisés par les *padroni* sont les meilleurs agents de recrutement et aux départs des enfants isolés confiés jadis aux *padroni* se substitue alors l'émigration de toute la famille, système qui continue encore à présent.

*
* *

Si les premiers modèles du Latium, qui partageaient, jusqu'au milieu du siècle dernier, avec les femmes juives, le monopole presque exclusif de la place de Paris, se sont vus dépossédés, en grande partie, par les nouveaux venus, du terrain gagné, les vainqueurs ont dû, à leur tour, peu d'années plus tard, faire place à d'autres conquérants.

Ce sont les modèles français. Jadis si rares, leur nombre a tellement augmenté aujourd'hui, qu'ils peuvent entamer avantageusement la lutte avec les modèles italiens et les chasser des meilleures positions.

Sans parler du rigide vent nationaliste qui souffle

en tempête, il est facile de voir la raison de la défaite partielle des modèles italiens (1).

C'est, bien plus que la loi de 1889, qui a déclaré Français les enfants nés en France des parents étrangers, l'esprit de réaction qui a eu lieu dans ces trente dernières années. Surtout pendant la seconde République et le second Empire, on avait trop abusé du type du modèle italien. Le principe fondamental de la nouvelle école, c'est d'éviter tout ce qui peut évoquer d'une façon quelconque ce que l'on appelle le classicisme. C'est pour cela que le modèle italien est passé au deuxième rang. Dans la publication *Nos Modèles*, les Italiens brillent surtout par leur absence, et dans l'album *Modèles d'artistes* (1896), Boutet a écarté l'Italienne, « classique répertoire de l'art académique », pour s'occuper seulement de la fille de Montmartre.

C'est trop naturel.

La mode que nous subissons ne veut que la femme hystérique, névrosée, maladive, sans hanches et sans richesses de forme. C'est maintenant la *Danseuse* de Falguière qui remplace la *Vénus de Médicis*.

Mais si la grande majorité ne cache nullement ses préférences, il y a pourtant une minorité bien respectable représentée par des maîtres éminents tels

(1) Beaucoup de modèles italiens sont passés en Angleterre, où ils forment encore la majorité. Ils y sont très appréciés pour la grâce naturelle de leur pose et pour leur beau teint.

que Gérome, Bouguereau et Courtois qui sont restés fidèles aux anciennes traditions.

*
* *

Une comparaison peut être établie facilement pour certains côtés entre les modèles français et les modèles italiens.

M. Lucio Rossi, le fin coloriste romain, trouve que les Italiens sont plus aptes à la sculpture par leurs belles lignes du corps, mais que les femmes, si elles portent assez bien le costume, en revanche ne savent point porter la toilette avec assez d'élégance. Un autre artiste italien, qui a suivi de près la question pendant ses quarante ans de séjour à Paris, M. Cortazzo, partage entièrement les idées de son confrère.

Tout le monde est d'accord pour admettre que les Italiens et les Italiennes sont mieux bâtis et plus proportionnés. Mais l'Italienne ne peut lutter en élégance et câlinerie avec la femme française, qui sous ce rapport lui est bien supérieure.

Balzac avait mainte raison d'écrire jadis qu'en fait de femmes en France, s'il y a peu d'ensemble, il y a de ravissants détails. C'est aujourd'hui plus vrai qu'auparavant. Mais généralement les peintres et les sculpteurs, pour mieux faire, se servent des uns et des autres. Au visage de la fille de Montmartre, l'artiste donnera les seins de marbre de l'Italienne, et, réciproquement, la tête de madone de la Transtévérine recevra la taille plus élancée de la Parisienne.

Quant aux enfants, les garçons italiens sont généralement considérés comme supérieurs, au point de vue du développement normal des formes, aux petits Français du même âge. En revanche, les fillettes françaises ont, de règle, des lignes moins lourdes et de beaucoup plus gracieuses que les petites Italiennes.

Les qualités intellectuelles et morales de ces deux grandes catégories se valent à peu près, les avis étant fortement partagés à cet égard (1).

*
* *

Contrairement à l'opinion générale, le métier de modèle est bien plus difficile qu'on ne le pense. Il faut savoir subir physiquement la torture de l'immobilité absolue pendant plusieurs heures, lorsqu'on donne à peine au modèle dix minutes de repos sur soixante. Il faut pouvoir faire preuve d'intelligence et de sentiment pour comprendre à demi-mot

(1) Dans un article *London Models*, publié en 1889 (*English Illustrated Magazine*), Oscar Wilde fait la comparaison suivante entre les modèles italiens et français : « The italian models are the best. The natural grace of their attitudes, as well as the wonderful picturesqueness of their colouring makes them facile — often too facile — subject to the painter's brush. The french models, though not so beautiful as the italian, possess a quickness of intellectual sympathy, a capacity in fact of understanding the artist which is quite remarkable ».

la pensée du peintre ou du sculpteur et s'inspirer tout de suite du but qu'il veut atteindre. On demande l'âme d'un artiste et le jeu d'un mime.

Mais, par une juste loi de compensation, si le métier est difficile, l'apprentissage ne l'est pas. On commence à travailler à peine né, et à gagner sa vie, à quelques mois, posant l'Amour ou la tête d'ange, pour monter peu à peu et insensiblement l'échelle de toutes les gradations correspondantes à l'âge, et finir par le Père Éternel. Dans aucun autre métier on ne débute si tôt. La pose des bébés ne dure pas heureusement trop longtemps et la loi pour la protection de l'enfance n'a jamais eu à y intervenir. Pour le prix Chenavard où l'on emploie des petits modètes italiens qui ont à peine deux ans, on est très large et généreux pour le repos. Mais lorsque l'enfant a trois ans, on l'oblige parfois, dans des ateliers privés, à un travail de quatre heures par jour, trop fatigant pour lui... Il sort de là, les yeux hagards, pâle, frissonnant, persécuté par le fantôme des coups dont il sera roué à la maison pour le corriger de l'immobilité mal gardée sur la table à modèle. La vie commence souvent d'une façon bien triste pour ces pauvres enfants.

*
* *

Les modèles, soit ceux qui posent seulement les détails, soit ceux qui posent l'ensemble, exercent leur métier autant dans les ateliers particuliers des artistes, que dans leurs académies d'élèves, ou à l'École des Beaux-Arts.

Les ateliers particuliers se montent à plusieurs centaines à Paris : les académies privées sont aussi assez nombreuses dans la capitale. Les plus connues sont celles de Julian (1), Cormon, Humbert, Gervex et Benjamin Constant. Les Italiens fréquentent de préférence les académies Colarotti (rue de la Grande-Chaumière), Rossi (passage Stanislas) et Vitti (boulevard Montparnasse), où se donnent aussi rendez-vous les modèles anglais et allemands (2), la clientèle de ces ateliers étant composée en grande partie par les étrangers et surtout par les étrangères.

Mais, si les modèles qui frappent aux portes des académies sont nombreux, rares sont les *élus*. On est fort difficile à ce sujet, et le tableau bien connu de Fortuny, *le Choix du Modèle*, nous montre le supplice raffiné de la pauvre créature devant ces vieux professeurs d'académie qui en étudient, avec

(1) L'Académie Julian, la plus importante comme nombre, compte quatre ateliers pour les cours des dames et deux pour les hommes. Il y a aussi beaucoup d'académies avec les cours mixtes où les modèles masculins posent nus devant les élèves des deux sexes. On sait que la question du « caleçon » a failli révolutionner l'École des beaux-arts, lors de l'admission, il y a sept ans, des élèves femmes.

(2) Les modèles de ces deux pays ne sont pas nombreux, il y a beaucoup plus d'hommes que de femmes. Celles-ci posent très rarement l'ensemble. Tout le monde connaît l'histoire de *Trilby*, qui est peut-être le roman le plus populaire de la littérature anglaise.

une curiosité minutieuse, tous les détails. La marchandise qui n'est pas acceptée par les grands consommateurs est offerte alors au petit négociant et devient l'objet régulier d'un marché ouvert (1). Nous n'exagérons point.

Il y a en effet à Paris plusieurs marchés de modèles, où l'artiste se rend pour y choisir le type dont il a besoin pour ses études.

C'est ainsi, par exemple, que dans la rue de la Grande-Chaumière, il y a marché de modèles, tous les lundis de 8 à 10 heures du matin et de 1 à 4 heures de l'après midi.

Mais le marché le plus important est celui qui a lieu à la place Pigalle. Le tableau est pittoresque et émouvant en même temps.

Les pauvres gens se tiennent autour de la grille de la fontaine en triste et splendide étalage. Sully-Prudhomme, qui pleurait sur l'enlaidissement de l'espèce, envisageant le danger que les statuaires pourraient manquer de modèles, aurait changé sans doute d'avis pour célébrer plutôt le beau plastique dont l'expression est en quelque sorte surhumaine dans la forme humaine. Nous pensons au mot de Léonard de

(1) Jusqu'à ces derniers temps, les Italiens se servaient aussi beaucoup d'un journal, *l'Adresse des Modèles*, qui paraissait chaque mois avec la liste des modèles disponibles, leur adresse et leur signalement. Cette dernière partie était souvent fort originale. Ce journal, qui avait ses bureaux 8, rue des Fourneaux, aujourd'hui Falguière, au centre du quartier des modèles, a dû suspendre sa publication, faute d'acheteurs.

Vinci : « en Italie la plante humaine est plus belle qu'ailleurs ».

Des hommes beaux comme Antinoüs et vigoureux comme Hercule, fortement bâtis et musclés sans lourdeur, nous prouvent que les Italiens du midi sont les descendants de ces anciens Grecs avec quelque chose d'un dieu ou d'un héros. A côté de ces têtes carrées plantées sur des coffres solides, nous voyons de jolis et fins profils de camée aux yeux de flammes, à l'air vif et inerte, dont le costume plus ou moins négligemment déboutonné laisse deviner la superbe poitrine, la puissante attache des cuisses, la forme élégante de la jambe et les riches beautés de Vénus Callipyge. On distingue les jeunes filles à la grâce légère, craintive, ingénue, et à cet air de modestie qui est le parfum de la beauté. Le tableau est rendu plus complet par les jolis enfants qu'on dirait descendus des toiles de Francia et de Raphaël ou des bas-reliefs de Luca et de Donatello.

***

L'artiste a fait son choix et l'on va conclure le marché.

A quel prix engage-t-on le modèle? Quel est son gain annuel ?

Les vers de la chansonnette italienne de G. Sera...
Pe' professione faccio la modella-E abbusco sempre

soldi in quantità (je suis modèle de profession et je gagne toujours beaucoup d'argent) ne sont pas exacts au moins en ce qui concerne le modèle à Paris et dans les autres grandes villes de France.

Il est vrai que la profession est relativement bonne pour la femme : c'est l'un des rares métiers où elle gagne plus que l'homme. C'est que la femme pouvant servir de modèle est bien plus difficile à trouver qu'un homme bien fait. Vénus est plus rare qu'Hercule et Apollon. Ce triomphe du féminisme dans la question des salaires est une particularité de la France. En Italie, — nous citons un pays d'anciennes traditions, — les modèles masculins sont payés tout autant que les féminins. Il en est de même en Angleterre (1), tandis qu'au Japon, pour parler d'un nouveau pays, où pourtant la civilisation a fait tant de progrès, le tarif adopté récemment par l'École des Beaux-Arts fixe six *sen* par jour pour un bébé, quarante *sen* pour une jeune femme et soixante *sen* pour un jeune homme. Deux *sen* forment à peine un sou (2).

(1) En Angleterre, le tarif de la *Royal Academy* est très élevé, savoir de 10 shillings pour deux heures, mais la moyenne est d'un shilling par heure.

(2) A la différence de ce que l'on pratique en France, la pose du nu a, au Japon, un tarif spécial, qui est de un *yen* (100 sen) pour un jeune homme et de 80 *sen* pour une jeune fille. Comme ces chiffres le démontrent, même pour la pose de l'ensemble, l'homme est payé à raison d'un cinquième de plus que la femme. Ajoutons que la peinture du nu, trop commune en France, est bien rare au Japon, au moins publiquement. Elle y fut importée d'Europe, il y a quelques

L'Académie des Beaux-Arts de Paris est bien plus généreuse (1). Les femmes y reçoivent 36 francs la semaine pour la pose journalière de quatre heures, le dimanche excepté. Les hommes touchent seulement 30 francs : les petits enfants 15.

Aux autres académies, les hommes et les femmes ne sont pas payés dans les mêmes proportions. S'ils posent pour quatre heures de la matinée, de 8 heures à midi, on leur donne de 20 à 24 francs par semaine mais seulement de 18 à 20 francs pour les séances de quatre heures de l'après-midi.

Il y en a qui, ayant une autre occupation dans la journée, posent de 8 heures à 10 heures du soir pour le salaire hebdomadaire de 12 francs : mais ils sont bien rares, car ils doivent avoir une belle ligne bien marquée, pour pouvoir poser sous la lumière du gaz ou de l'électricité.

En général, chez les artistes, on paie la femme 5 francs pour une séance de quatre heures et 4 francs l'homme. Il n'y a que trois modèles du sexe mascu-

années : c'est en octobre 1896, en effet, qu'on exposa pour la première fois, à l'École des Beaux-Arts de Tokio, un tableau représentant une femme toute nue. A la dernière Exposition Universelle de Paris la section japonaise, fort importante, se distinguait des autres par l'absence complète de tableaux de nudités, exception faite du triptyque de Seiki Kouroda : « Tchi-Kwan-Iô » (intelligence, sensibilité et sentiment).

(1) Mais l'Académie des Beaux-Arts est la seule où *on rend le repos*, c'est-à-dire où on doit faire une demi-heure supplémentaire pour compenser les repos accordés. On arrive à 7 heures et demie pour finir à midi les quatre heures de pose l'été, et l'hiver à 8 heures pour finir à midi et demi.

lins (ils sont tous les trois Français) qui touchent aussi 5 francs.

Lorsqu'il s'agit de véritables beautés, il n'y a pas de prix, et cela explique les quelques fortunes réalisées par des modèles, bien rares pourtant ! et qu'on cite encore en exemple, comme celle du célèbre Dubosc qui, en travaillant pendant cinquante-cinq ans, réussit à amasser plus de 200.000 francs, et celle de *la bella Francesca*, une des plus jolies femmes de l'époque, qui servit aussi de modèle à Soitoux pour la statue de la République en face de l'Institut. On raconte que cette femme, avant de rentrer en Italie, avait mis de côté un demi-million de francs !

*
* *

Si l'on compare les profits que réalisent les modèles avec les salaires des autres métiers, on pourrait facilement conclure à un bien-être économique fort supérieur pour la classe que nous étudions. Il en serait ainsi, s'il n'y avait pas, en premier lieu, une véritable pléthore de modèles, et si la place n'était pas infestée par les modèles d'occasion, les *black legs* du métier qu'on préfère bien souvent.

Un grand sculpteur italien, dont les *Saturnalia* ont formé une des attractions les plus puissantes de la dernière Exposition, nous racontait que pour ce groupe de dix personnages il n'avait employé aucun modèle de profession, car, d'après lui, (et M. Biondi n'est pas le seul artiste de cet avis), ce genre de modèles n'aurait plus raison d'exister aujourd'hui, à cause du mouvement social qui se dessine de jour en jour plus fortement, et que l'artiste suit plus que n'importe qui. Le modèle est à l'artiste ce que le document humain est au romancier : il ne veut pas de conventionnalisme et prend son bien où il le trouve.

Mais si le nombre de vrais et faux modèles est considérable, il y a aussi, d'autre part, pléthore d'artistes, et les modèles pourraient tant bien que mal gagner leur vie, s'il n'y avait une *morte saison* d'une très longue durée. Celle-ci commence après les envois des statues et des tableaux au Salon en avril et va jusqu'à l'hiver.

Pour pouvoir joindre les deux bouts, nos modèles doivent au gré du hasard exercer un autre métier quelconque. C'est du reste la tradition. Il y a un demi-siècle, La Bédollière louait l'activité des modèles italiens qui, dans leurs moments de loisir, faisaient le cordonnier, lecoiffeur, le cireur de bottes, etc. Leurs descendants d'aujourd'hui s'adonnent, il est vrai, à des métiers moins laborieux. Lorsqu'ils sont réduits au chômage, ils se font de préférence musiciens, soit mandolinistes et vielleurs, soit simples chanteurs. Tous les soirs, entre 7 et 9, on peut les voir chez les marchands de vin des quartiers populaires. Il y en a qui pratiquent le métier, jadis si lucratif, de joueur d'orgue, et dans le monde des modèles on connaît universellement le beau vieillard qui pose dans l'hiver le Père Éternel et qui tourne pendant l'été la manivelle de l'orgue de Barbarie dans les rues du quartier de la Villette.

*
* *

Cette instabilité du métier ne paraîtrait pas fournir précisément une garantie solide de la moralité des personnes qui l'exercent, et plus particulièrement des femmes. Telle est, en effet, nous le savons, l'opinion générale qui pourtant dans ce cas se trompe absolument. Personne ne se doute du genre et de l'extension des sacrifices dont sont capables les pauvres modèles italiens. Rendons-leur tout de suite cette justice : l'examen que nous allons faire plus loin de leur budget de dépenses le confirmera pleinement. C'est un vrai plébiscite dans lequel s'unissent d'un côté tous les artistes que nous avons interrogés à ce sujet, et de l'autre tous les locataires et les concierges des maisons habitées par les modèles, et dont nous avons recueilli les déclarations. M. Cortazzo, qui fait les plus grands éloges de leur honnêteté, a pu même résoudre, en prenant des modèles à son service, le problème, si difficile à Paris, du choix des domestiques. L'opinion du peintre romain est confirmée par celle de son distingué confrère parisien, M. d'Hissoncourt, qui trouve les modèles italiens de toute probité et bien plus sérieux que ceux des autres pays. Les femmes surtout prennent très à cœur la tâche qui leur est confiée; elles sont toujours obéissantes et respectueuses.

On a rarement reproché aux modèles italiens des rixes et des batailles, des agressions où il y ait eu effusion de sang : peut-être la patience, qui est la première qualité qu'on acquiert dans l'exercice de ce métier, a réussi à dompter les caractères fiers et sauvages de la Campanie et du Latium. Les vols aussi sont presque inconnus, et nous n'avons plus entendu parler de délits de ce genre, depuis le vol célèbre dont fut victime, il y a de cela plusieurs années, le peintre Cazenove.

Mais si la probité est maintenue à un assez haut degré pour ce qui concerne le respect des lois de droit commun, il faut pourtant admettre que les mœurs des modèles, dans la vie privée (nous parlons des femmes), laissent beaucoup trop à désirer.

*
* *

On s'est trop souvent et trop facilement moqué de ce nom de modèle qui ressemblerait à une pure et simple antiphrase. On a dit qu'en dehors du cercle tout spécial et très restreint de son application, les modèles de tête et de torse, pas plus que les modèles d'ensemble, ne sont généralement pas des *modèles* de toutes les vertus. Les belles filles qui posent *l'ensemble* s'arrêtent rarement au *détail*.

Si le type de Lucrèce est rare il faut bien concéder les circonstances atténuantes à ces jeunes filles, vouées généralement au métier par les parents et abandonnées à elles-mêmes et à toute sorte de tentations.

Si la faible créature ne cède pas, trop souvent la porte de l'atelier lui reste fermée ! Le modèle, à ses débuts, comme l'a si bien représenté Bonino, dans le marbre exposé récemment à Turin, a des velléités de résistance, mais la résignation survient bientôt. Il faut qu'elle adopte bon gré mal gré la devise cynique de la femme : *Le ciel nous fit pour consentir à tout*. Il est vrai aussi que les pauvres artistes, comme l'observait jadis M. de Piles dans ses remarques sur le poème de C. S. de Fresnoy (*De arte graphica*), ont trop facilement l'occasion d'être faibles à leur tour !

Mais on ne doit pas croire que la corruption soit générale. Les jeunes filles sont surveillées sévèrement par leurs parents, tout à fait comme les filles des acrobates. La chasteté est forcée, par la peur de l'enfantement, car si le corps se déforme, le gain est anéanti. La Vestale nouvelle observe physiquement son vœu, mais comment pourrait-on prétendre à la virginité de l'âme d'une jeune fille qui abandonne tous les jours devant l'artiste l'élégant et pudique mensonge du vêtement ? Les jeunes Italiennes gardent pourtant dans leurs métiers des réserves et des pudeurs étranges, en exerçant toujours en cachette leur profession. M. Hugues Le Roux nous a raconté le fait de cette jeune Italienne posant l'ensemble dans l'atelier d'Ingres devant les élèves du maître. Tout d'un coup elle pousse un cri, s'enfuit de la table à modèle et se réfugie derrière un paravent. On lui demande ce qu'elle a. « C'est, dit-elle, un couvreur qui me regarde de dessus le toit par la fenêtre. » Les modèles ne s'habillent et ne se déshabillent jamais devant l'artiste. Elles sont toutes convaincues de la vérité de l'axiome de Diderot que ce n'est pas le nu qui est indécent, mais le troussé. Jules Janin a poétiquement retracé l'histoire authentique d'une poseuse chaste et pure, devenue après grande dame. Du reste les cas de concubinage sont rares : il y a pourtant quelques filles qui posent l'ensemble, cohabitant avec des compagnons français et qui deviennent françaises. La jeune Italienne qui pose de la sorte n'ignore pas qu'elle doit dire adieu pour jamais à son pays natal, où elle ne pourrait plus se marier.

*
* *

Quel est maintenant le budget des dépenses des modèles italiens?

Comme tous les émigrants italiens, les modèles sont assez économes, mais plus les hommes que les femmes. Cette vertu de parcimonie les distingue des modèles français très dépensiers en général. La différence entre les deux catégories a été spirituellement définie par le célèbre modèle de la *Parisienne* de la Porte Monumentale, qui nous disait un jour que les Italiens posent pour épargner, les Français pour dépenser ! Mais la sobriété, cette autre qualité si éminemment italienne, ne se rencontre peut-être pas au même degré chez les modèles que chez les autres professionnels originaires d'Italie. Le fatal « petit verre » commence à tenter l'estomac creux et vide du pauvre modèle italien.

Cet estomac connaît très peu la viande. Les modèles, lorsqu'ils mangent chez eux, se nourrissent un tout petit peu mieux qu'au dehors ; le macaroni, les potages à l'oignon, les piments et les tomates crues forment leur menu quotidien. Ils mangent souvent aussi des fritures, des légumes, du poisson mariné et du fromage, et les dimanches, si le travail a été abondant, ils se régalent du plat classique de tête d'agneau. Les hommes se nourrissent encore plus mal que les femmes. S'ils ne grignotent pas quelques fruits et un peu de pain en se rendant au travail sur l'impériale des omnibus, en buvant par ci et par là à la *Wallace*, ils vont à la gargotte où ils payent 7 à 8 sous (jadis 5) un *ordinaire*, c'est-à-dire du bouillon, du bœuf et des légumes. Il y en a de si pauvres qu'ils se rendent le matin aux Halles pour chercher, dans les débris jetés par terre, leurs aliments ! Bien souvent une famille entière, composée de cinq à sept personnes, doit vivre sur les gains d'un seul individu qui peut-être n'a pu trouver d'occupation que pendant deux ou trois jours de la semaine.

*
* *

Si le budget de la nourriture est bien simple, celui de leur logis est également très limité.

Ils demeurent généralement dans des garnis épouvantables composés d'une pièce unique, chambre à coucher pour tout le monde, et d'une petite cuisine qui sert de succursale à l'autre chambre. Les prix de ces petits logements varient entre 150 et 300 francs Il est toujours vrai que ce sont les pauvres qui paient le plus cher pour leurs gîtes. Dans une petite pièce d'une vieille maison de l'avenue du Maine, nous avons trouvé sept lits de personnes de sexe différent. Pour gagner un peu de place, on a parfois recours à une invention qui ne manque pas d'ingéniosité : les lits sont à deux étages, en les renversant et en posant, à l'aide de planches fermées sur leurs pieds, un matelas pour une deuxième personne.

Les pièces ont un cachet particulier par l'étalage des nombreux costumes suspendus tout autour de la chambre, faute de mobilier. Tous les modèles ont leurs costumes, exception faite, bien entendu, pour ceux qui posent l'ensemble. On trouve quelquefois de véritables collections. Nous citerons entre autres une famille d'anciens modèles de la rue du Château avec une riche garde-robe ecclésiastique qui contient des costumes de prêtre, de moine, d'évêque, de cardinal... et de Saint-Dominique. Il y a beaucoup de femmes qui possèdent des costumes de nonne, de reine et de paysanne romaine. Mais souvent on n'a que celui qui sert à la pose habituelle; tel le beau modèle de la rue Poinsot, connu pour sa tête majestueuse au regard surhumain, qui n'a en tout et pour tout que le costume de Notre-Seigneur.

*
* *

Malheureusement ce côté pittoresque du logis est gâté par la saleté la plus dégoûtante que l'on puisse se figurer. Si les locataires et les concierges n'ont qu'une voix pour proclamer l'honnêteté des modèles, ils sont également unanimes à flétrir leur défaut absolu de propreté. La tradition, qui ne s'est jamais perdue chez les modèles, veut que leur première étape à Paris ait été cette célèbre rue Mouffetard, où ils règnent encore aujourd'hui et dont l'étymologie paraît être *Mons fœtidus* (1), à cause de son infect état. On di-

(1) C'est l'opinion d'Alfred Delvau, citée par MM. Block et Mercklein dans leur ouvrage sur *les Rues de Paris* (Paris, Nadaud, 1889).

rait de la prédestination! L'impartialité que nous nous sommes imposée, nous oblige à ajouter que la saleté de leur logis est en relation directe avec la malpropreté de leur personne devenue proverbiale. Yvette Guilbert a fait rire aux dépens des modèles italiens ses nombreux auditeurs par les quelques strophes sur *le Bain du Modèle* quand la salle répétait joyeusement le refrain :

> Quand on veut êtr' modèle
> Chez les rapins,
> Suffit pas d'être belle,
> Faut prendre des bains (1).

Il est vrai, d'autre part, que nos modèles appartiennent tous à des familles de paysans et qu'ils proviennent des classes les plus pauvres et les moins instruites de nos populations. La grande majorité

(1) *Le Bain du Modèle* (chanson d'atelier), collection L. Xanrof, Georges Ondet éditeur. La chanson commence par le couplet :

> — C'était un' petite italienne
> Qui posait dans les ateliers
> Elle avait dix-huit ans à peine
> Des p'tits pieds et des grands souliers.
> Quoi qu'elle fût un peu bébêt'
> Elle était gentill' comm' un cœur,
> Mais répandait une drôl' d'odeur
> Car ell' s'lavait jamais la tête.
> *Refrain.* — Quand on veut, etc

Le couplet qui avait le plus de succès était celui où l'on raconte que le peintre Rochegrosse en la voyant *sal' comme trent'-deux fumistes*, la menace, si elle ne prend pas un bain, de *l'envoyer chez les impressionnistes.*

des personnes âgées ne sait ni lire ni écrire. Il est bon aussi d'ajouter que trop souvent la malpropreté est la fille de la misère qui met en effet la saleté au rabais. Très nombreuses sont les familles de modèles (nous l'avons constaté *de visu*), qui couchent sur la table ou par terre, faute de lits. Plusieurs d'entre eux sont venus à pied jusqu'à Paris. L'enquête que nous avons faite personnellement dans 29 maisons et cités habitées par les modèles italiens à Paris, nous démontre que les neuf dixièmes du nombre souffrent de la misère la plus noire.

C'est du reste le Ve arrondissement qui contient le plus grand nombre de pauvres de Paris, celui qui donne asile en même temps au gros de l'armée des modèles italiens.

*
* *

En dehors des quartiers Saint-Victor et du Jardin-des-Plantes, qui contiennent à eux seuls presque la moitié de toute cette émigration, nous retrouvons des détachements importants dans les quartiers de Montparnasse, de Vaugirard, du Luxembourg, de l'Observatoire, de la Villette, et quelques unités éparses aux Gobelins et dans le quartier de l'Europe.

A combien s'élève cette population ?

Hugues le Roux, dans son intéressant *Enfer de Paris*, fixait, en 1888, à 500 les Italiens qui, d'une façon plus ou moins régulière, vivaient de la pose artistique.

A vingt années de distance l'importance numérique de nos modèles s'est accrue considérablement à Paris.

Il est intéressant de noter qu'à Marseille ainsi qu'à Toulon, les nombreuses colonies de ces deux villes ne comptent pas un seul modèle et qu'à Nice et à Lyon, autres grands centres de notre émigration, on en trouve à peine une vingtaine, dans le chef-lieu des Alpes-Maritimes, et sept seulement dans celui du Rhône. Toute notre émigration de modèles se dirige sur Paris.

Si nous acceptions les calculs des modèles italiens que nous avons interrogés, on aurait à présent de 1.000 à 1.200 modèles italiens seulement pour Paris. Cette statistique subit évidemment l'effet de cet esprit d'exagération si particulier aux classes inférieures.

Leurs collègues français diminuent ce chiffre et le rapportent à 900. Notre enquête nous rapproche assez de cette dernière évaluation. On est dans le vrai, en fixant à 800 ou 850 le nombre des modèles italiens : au boulevard Montparnasse il y a toute une cité habitée exclusivement par eux ; il y en a une soixantaine dans la rue Saint-Médard, et un égal nombre dans la rue Saint-Victor; une cinquantaine au moins dans la rue Ducange ainsi que dans la rue Linné, une quarantaine dans la rue Mouffetard et dans l'avenue du Maine, une trentaine dans les rues des Fourneaux et Poinsot (1).

Presque les sept huitièmes des modèles viennent de la région qui était autrefois la *Campania felix* et des Abruzzes, principalement de l'Abruzze Citérieure (2). L'autre huitième est donné par le Latium (3). Dans ces derniers temps, on a eu quelques rares modèles provenant des *Romagne*, ce qui expliquerait le fait observé par Augustus Hare, que la Romagne est la région d'Italie où l'on remarque la plus belle race.

*
* *

Notre tableau, à teintes si sombres et sinistres, devient encore plus lugubre si l'on songe à la fin qui attend le modèle, après la dure carrière que nous avons essayé de retracer dans ces pages. Les économies, nous l'avons vu, sont impossibles ou presque, pour la grande majorité; il n'y a pas de sociétés de secours mutuel ou de caisses de retraites; le courant de la misère charrie ces malheureux et ils finissent le plus souvent dans un lit numéroté. Les femmes

(1) Les modèles français sont 2.000 environ.

(2) Les villages qui fournissent cette émigration sont ceux de Cervaro, Vallerotonda, San Donato, Val di Conino, Gallinaro, Sant'-Elia Cassino, Terelle, Picciniscoo.

(3) Principalement de Tivoli, Saracinesco, Anticoli, Nettuno, Viterbo et Terracina. Une petite partie est fournie par Arquata del Tronto et Vozzano.

peut-être, si les lignes de leurs corps ne sont pas déformées si tôt, peuvent plus facilement que les hommes remonter le courant. Il arrive même quelquefois que le peintre, soit par raisonnement, soit par passion (1), afin d'épargner les frais d'un modèle, prend une femme modèle, comme l'a dit spirituellement Camille Antona Traversi dans un de ses monologues. Mais c'est l'exception !

Quand nous voyons ces pauvres créatures descendre peu à peu tous les degrés de l'échelle de l'abjection et de la prostitution, nous ne pouvons nous soustraire à un profond sentiment de commisération et de tristesse, et il nous revient à la mémoire le couplet désespéré de la chanson de Montoya (2) sur *le Vieux Modèle* : ·

Depuis ça je bats le trottoir
Et j'appelle, quand vient le soir,
Les messieurs à l'œil plein de morgue...
Oh ! qui viendra me proposer
Dans mon ennui d'aller poser
Un dernier tableau pour la Morgue ?

(1) Dans la pièce *Liseron*, de Daniel Riche, qu'on a jouée au commencement de l'année 1901, à la Renaissance, les deux peintres, le maître et le rapin, épousent leurs deux modèles.

(2) V. *Chansons naïves et perverses*, par Gabriel Montoya (Paris, Ollendorff, 1896). *Le Vieux Modèle*, dont nous avons donné ci-dessus le dernier couplet, a été mis en musique par Marie Kryzinska (Ondet, éditeur).

CHAPITRE II

LES CIREURS DE BOTTES

Parmi les humbles métiers exercés par les Italiens à l'étranger, la première place échoit aujourd'hui, au point de vue numérique, aux décrotteurs.

Combien sont-ils ? On n'en a jamais dressé la statistique, mais, d'après les informations officielles et particulières, cette émigration spéciale se chiffrerait à plusieurs dizaines de milliers seulement pour les États-Unis, le Canada, la République Argentine et le Brésil, où se dirige le gros de l'armée. On signale la présence de la sellette du cireur de bottes italien même en Asie et en Afrique, où pourtant la main-d'œuvre indigène revient si bon marché.

Mais si le métier s'annonce comme florissant dans le Nouveau Monde, il paraît traverser au contraire une crise bien aiguë dans la vieille Europe. Le cireur de bottes italien, chassé par les arrêts protectionnistes de la police indigène et par les machines mécaniques, menace de disparaître peu à peu de la scène pour entrer dans le domaine du passé.

Il faut donc nous hâter si nous voulons encore avoir sous la main, pour les examiner de tout près, les quelques rares échantillons italiens de cette profession qui restent dans ce pays et qui y ont une histoire.

Nous laissons de côté, en attendant, d'autres catégories plus importantes, mais que nous retrouverons demain à la même place, pour nous occuper aujourd'hui de ce phénomène passager dans l'histoire de nos métiers ambulants en France.

*
* *

Le *décrotteur* est le glorieux ancêtre du *cireur de bottes* d'aujourd'hui, dont la modernité est prouvée par le fait que ce dernier mot ne se trouve encore enregistré ni dans le Littré ni dans le dictionnaire de l'Académie. C'est à peine si Larousse d'abord et Hatzfeld et Darmesteter plus tard ont consenti à lui ouvrir les portes et à l'admettre comme néologisme.

Le mot *décrotteur* peut se vanter, au contraire, de quelques siècles de noblesse.

Hurtaut et Magny, dans leur *Dictionnaire histo-*

rique de Paris (1) citent l'autorité de Rabelais, lequel s'est servi du mot *décrotteur* comme équivalent à qui va ou à qui fait vite, ce qui prouverait d'une manière atavistique que déjà à cette époque le décrotteur (*lutorum purgator*) se hâtait de faire sa besogne. C'est ainsi que le grand écrivain dit *descroteur de vigiles* d'un moine expédiant vite les vigiles (2).

C'est la plus ancienne citation que nous ayons trouvée pour la France. Il n'est pas peut-être sans intérêt de noter, comme étude de comparaison, que le premier souvenir pour l'Angleterre est bien plus moderne, puisqu'il ne date que de l'année 1598 (3).

Sans entrer dans les fort intéressants détails de l'histoire des souliers et du cirage, il est bon de rappeler que le service de nettoyage de la chaussure se faisait encore aux seizième et dix-huitième siècles par les gens de la maison, ou par des individus qui n'en faisaient pas partie et qu'on appelait pour faire cette besogne *à la maison*. Nous n'avons connaissance d'aucune indication ni d'aucun document relatifs au métier de décrotteur exercé sur la voie publique, qui soit antérieur à la seconde moitié du règne de Louis XIV. C'est alors seulement qu'après le net-

(1) *Dictionnaire Historique de la Ville de Paris et de ses environs*, par MM. Hurtaut et Magny, Paris, 1789, t. II, p. 693, aux mots *Écoles des Savoyards*.

(2) *Rabelais*, t. I, p. 190, dans Lacurne de Sainte-Palaye.

(3) C'est une citation de Florio, rapportée dans l'*Historical English Dictionary* au mot « blacking ». V. aussi *Notes and Queries* du 4 décembre 1897.

toyage de la botte par la cire en nature (qui paraît avoir été le premier pas et qui a duré pendant plusieurs siècles) on était arrivé à la mode de la bottine en peau noire, mais encore avec le talon rouge, telle que nous la voyons dans les tableaux de l'époque.

Il serait très difficile d'assigner avec exactitude la date de cette innovation, qui fut suivie bientôt de cette pâte noire imaginée pour nettoyer la chaussure décrottée, une espèce de cirage de noir de fumée délayée dans de l'huile grasse qu'on appliquait avec un pinceau. On peut constater à l'aide de l'iconographie que cette mode devient bientôt générale. A cette époque nous voyons surgir peu à peu les décrotteurs de la rue qui atteignent leur plus haut degré de popularité au dix-huitième siècle, inspirant les jolies compositions de Boucher, de Saint-Aubin, de Bouchardon, de Poisson et figurant, comme partie essentielle de la vie de la rue, dans le tableau peint par Joseph Vernet vers l'année 1750, *la Vue de la ville et du port de Bordeaux.*

*
* *

Mais comment savons-nous que ces premiers décrotteurs sont des Italiens ? S'agit-il d'une simple hypothèse ou d'un fait certain ?

Nous cherchons vainement les décrotteurs dans toutes les histoires des métiers et des corporations françaises : ils ne sont mentionnés nulle part. Or, ce n'est pas assurément leur métier avilissant qui les fait regarder comme quantité négligeable, car les chiffonniers, qui sont encore plus bas dans l'échelle sociale, ont bien leur corporation. On devine déjà que les pauvres décrotteurs doivent avoir un péché originel.

Poursuivons nos recherches. Il est vrai que la bibliographie de ce métier reste encore à faire (1) et que nos investigations ne peuvent avoir une direction sûre et fixe, mais les rares documents ou mieux les quelques indications éparses dans les livres de l'époque établissent, d'une façon indiscutable, qu'au dix-huitième siècle l'industrie des décrotteurs était exercée en France par des Italiens.

Avant d'aborder ces preuves, si, pour mieux étudier le métier dans ses causes, nous nous transportions un instant au pays d'origine, nous serions peut-être fort étonnés de l'étrange phénomène qui se présente, celui de l'exportation d'un métier qu'on ne trouve pas dans le pays qui le produit. Tandis, en effet, que les Italiens exerçaient en France l'industrie de cireurs de bottes dans la rue, cette même profession était tout à fait inconnue en Italie.

Cela ne peut faire aucun doute. Nous avons le témoignage d'Antonini qui, dans son *Dictionnaire*

(1) On trouve à peine quelques rares détails sur les décrotteurs dans l'*Encyclopédie du XIX*e *siècle*, le *Dictionnaire de la conversation*, et le *Larousse* : les deux premiers contiennent un article de M. H. Audiffret de la Bibliothèque nationale, dont nous allons combattre les affirmations gratuites.

italo-franco-latin publié à Venise en 1766, après la définition du « Décrotteur, gens qui décrottent les souliers dans les rues » (*Colui che netta le scarpe*), ajoute : *On ne connaît pas cette coutume en Italie.*

Une deuxième preuve encore plus péremptoire nous est donnée par le fait que la langue italienne n'avait pas alors et n'a eu, encore pendant un siècle, aucun mot pour désigner ce métier (1). Il fallait recourir, comme nous l'avons vu plus haut, et comme nous le voyons dans les lexiques postérieurs à celui d'Antonini, à une circonlocution. Or, tout le monde sait que la périphrase implique, d'autant plus dans une langue aussi riche que l'italien, l'idée d'une chose qu'on n'a pas souvent sous les yeux ou qu'on ne fait pas communément.

Mais laissons de côté ces détails secondaires pour revenir à la question principale.

*
* *

Dans la célèbre élégie de Guiraud, la mère du

(1) C'est seulement dans la première moitié du dix-neuvième siècle que l'on arrive à enrichir l'italien du mot *lustrastivali*, qu'on note pour la première fois dans la traduction italienne du Dictionnaire technologique d'arts et métiers par Lenormand, Payen, Molard jeune, Laugier, etc. (Prima traduzione italiana fatta da una società di dotti, Venezia, 1832). Ni la dernière édition de la Crusca du dix-huitième siècle ni le grand Dictionnaire de Paolo Costa et Francesco Cardinali de 1819, ne font mention de ce mot. Après *lustrastivali* on a eu *lustrascarpe* et *lustrino* (très usités à Florence), tous les trois enregistrés par Bellini et Tommaseo. En Piémont, nous faisait observer un philologue distingué, le comte Nigra, et principalement à Turin, on a adopté dans le dialecte le mot français de *décrotteur*.

petit Savoyard, en embrassant son fils, lui dit tout en larmes :

« Pauvre petit, pars pour la France...
« On vit heureux ailleurs, ici dans la souffrance ! »

La misère chassait de leurs belles, mais pauvres montagnes, les enfants de la Savoie et du Piémont. Ils descendaient en France y exercer plusieurs métiers, principalement celui de ramoneur, dont ils avaient dans ce pays le monopole depuis quelques siècles. Bien que le plus gros contingent de ces ramoneurs et fumistes ait été toujours fourni par les Piémontais (1), surtout par ceux de la vallée d'Aoste, l'usage avait attribué ce même nom de *Savoyards* à tous les sujets des ducs de Savoie qui parlaient italien et venaient ramoner les cheminées françaises. Les liens qui unissaient Aoste et la Savoie étaient très étroits, surtout au point de vue ecclésiastique, jadis prépondérant. Il est curieux de noter que Aoste, quoique province intramontaine s'était déclarée, en termes exprès, pour l'Église gallicane en 1661. L'évêché d'Aoste était, depuis le huitième siècle, suffragant du diocèse de Tarentaise.

Parmi cette émigration il y avait des gens qui faisaient le métier de ramoneur « ou même quelque ou-

(1) Telle est aussi l'opinion de M. Frémy dans *les Français peints par eux-mêmes*. Aujourd'hui également les ramoneurs sont en majorité Piémontais.

vrage plus bas et plus vil », dit un manuscrit de l'an 1742 dans lequel on indique comme centre de l'émigration de la vallée d'Aoste en France, les pays de Valgrisanches et quelques terres de la Valdigne (1).

C'était vers Paris surtout, vers « ce rendez-vous général et solennel de toutes les diverses fortunes du monde » que s'acheminaient ces peuplades d'orphelins. Mais la vie qui les attendait dans la grande capitale était bien dure !

L'espoir du petit Savoyard : « *On m'a dit qu'à Paris je trouverais du pain* », était trop souvent déçu : les pauvres petits mouraient bien fréquemment de faim et de froid dans la rue (2).

L'abbé Étienne Joly, ému de leur pauvreté, réunissait chez lui, à Paris, en 1665, quantité d'enfants pauvres « occupés à ramoner les cheminées, à décrotter les piétons » et à d'autres humbles emplois, tels que ceux d'étameurs de casseroles et de carreleurs de souliers (3). Après leur avoir fait la charité corporelle, le pieux ecclésiastique leur faisait la spirituelle, par l'enseignement de la doctrine chrétienne ; Claude Héliot poursuivit en 1670 l'œuvre de l'abbé Joly, plaçant les pauvres « Savoyards » sous la sauve-

(1) V. *Historique de la vallée d'Aoste*, par J.-B. Tillier, secrétaire des États du Duché d'Aoste : Manuscrit inédit de l'an 1742, texte revu et annoté par le professeur Sylvain Lucat. Aoste, 1887, p. 2 et 37.

(2) V. Bertolotti, *Viaggio in Savoja.*

(3) Ces derniers métiers sont exercés aujourd'hui encore en France par les Italiens.

garde des *Missions étrangères* de la rue du Bac.

Mais l'œuvre de Joly et de Héliot était passagère : c'est à M. de Breuil de Pontbriand (1), abbé de Sainte-Marie-d'Auxierre, que revient l'honneur d'avoir fait quelque chose de plus pratique et de plus longue durée pour nos ramoneurs et décrotteurs. « Pauvres enfants que la misère arrache dès leurs plus tendres années du sein de la famille et de leur patrie, répandus de tous les côtés dans les rues de Paris et occupés à gagner leur vie par les services les plus bas qu'ils rendent au public. Ils vivent au milieu de nous, dans une terre étrangère comme s'ils étaient abandonnés. » Ces quelques lignes écrites en 1735 pourraient bien s'appliquer en 1909 aux petits Italiens importés en France ! L'histoire des ramoneurs et des décrotteurs forme, du reste, le plus ancien chapitre de la traite des petits enfants dans ce pays. C'est le système des *padroni* qui, à l'époque de l'abbé de Pontbriand, étaient des « chefs de chambrée », de « vieux Savoyards qui ont sous eux sept ou huit jeunes enfants dont ils sont les économes et les tuteurs (!) » et qui, quelques années plus tard, dans le *Tableau de Paris* de Mercier, sont « des régis-

(1) Cfr. *Projet d'un établissement déjà commencé pour élever dans la piété les* (petits) *Savoyards qui sont dans Paris* : par le sieur de Pontbréhan, prêtre breton, avec l'avis important que les pauvres (enfants) des provinces du Royaume y seront aussi admis. Paris, Cognard, 1735. Cfr. Aussi l'*Encyclopédie des sciences religieuses*, le *Dictionnaire historique de Paris*, par Hurtaut et Magny et la *Bibliothèque ecclésiastique*, citée par H. Audiffret.

seurs qui n'ont enregimenté ces petits malheureux que pour gagner encore sur leur médiocre salaire (1). » Et tout à fait comme aujourd'hui ces pauvres êtres se distinguaient « par la manière dégoûtante dont ils étaient vêtus », ce qui avait donné à cette époque au mot *Savoyard* la signification de *malpropre*, qu'il a gardé jusqu'à ces derniers temps (2).

*
* *

L'abbé de Pontbriand établit, en 1732, rue Saint-Étienne-des-Prés, une école de charité pour leur instruction. Mais on comprend parfaitement (et M. Pontbriand est loin de le nier) que le but de l'institution était presque exclusivement moral. On conçoit que le bon ecclésiastique ait pensé avant tout au salut de l'âme de ces enfants et aux dangers que couraient à Paris les beaux et grands garçons « savoyards ». Un dessin de Greuze (3) nous dit dans son éloquence que ces dangers n'étaient point imaginaires. Le grand peintre de la grâce et de la naïveté s'est plu à nous montrer ces garçons montagnards au regard caressant et aux boucles ondoyantes, en train d'être

(1) V. MERCIER, *Tableau de Paris*, 1781, chap. CCCXVIII.

(2) La signification du mot *Savoyard* a changé aujourd'hui, tout en restant injurieuse envers les Allobroges; dans le langage familier ainsi que dans l'argot parisien, *savoyard* est synonyme d'homme mal élevé, brutal (V. *Dictionnaire de la langue verte* de Alfred Delvau).

(3) *Le Ramoneur*, qui appartient à la collection de M. Henry Lacroix. (Smith, t. VIII, p. 442, 163).

tentés par la séduisante maîtresse de la maison qui a échancré plus bas qu'il est nécessaire son corsage (1). C'étaient les mêmes dangers que courent à Paris, en plein vingtième siècle, les petits marchands lucquois de statuettes en plâtre, qui sont pour la plupart débauchés, presque dans leur enfance, par les jolies pécheresses parisiennes, leurs clientes les plus fidèles.

Les renseignements que les deux brochures de l'abbé de Pontbriand donnent sur cette catégorie de l'écrotteurs ramoneurs leur sont de tous points favorables. Notre abbé se plaît à célébrer « l'union, la fidélité et le bon ordre qui règnent entre eux. Le vol est inconnu. Si quelqu'un s'en rendait coupable il était puni d'une manière très propre à faire impression aux autres ». Mercier, à l'appui de M. de Pontbriand, certifie que cette sévérité des mœurs arrivait à un tel point « qu'on les a vus faire justice de l'un d'entre eux qui avait volé; ils lui firent son procès et le pendirent ».

Ces enfants étaient des fils dévoués et épargnaient sur le strict nécessaire « pour envoyer chaque année leurs économies à leurs parents pauvres ». Le bon

(1) L'admiration des petits Savoyards pour les jolies femmes est prouvée par la réponse spirituelle, rapportée par Sainte-Beuve, que Mme Récamier fit à une femme qui la revoyait après des années et qui lui faisait compliment sur son visage. « — Ah ! ma chère amie, répondit-elle, il n'y a plus d'illusion à se faire : du jour où j'ai vu que les petits Savoyards dans les rues ne se retournaient plus, j'ai compris que tout était fini. »

cœur des décrotteurs était du reste proverbial : les vieux du métier se rappellent encore, par tradition, ce qui est raconté aussi par Audiffret, que lorsqu'on donnait au peuple dans les grandes occasions des représentations gratis, nos petits Savoyards ciraient gratuitement les souliers des pauvres gens et illuminaient, en signe de fête, avec quatre bouts de chandelle, les quatre coins de leurs sellettes.

Leur activité était remarquable. Le travail de décrottage des souliers ne leur suffisant pas, ils s'occupaient aussi à frotter les parquets et à scier du bois. Les qualités gymnastiques et acrobatiques des Italiens qui forment encore aujourd'hui la majorité des danseurs et des « clowns », se révélaient alors dans ces décrotteurs qui étaient souvent employés à l'Opéra où ils remplaçaient certains acteurs qui n'osaient pas, attachés à une corde, se risquer à l'exercice de traverser de la sorte la scène (1). Les gravures de l'époque signalent, du reste, cette profession toujours alliée à d'autres fonctions comme celles de tondeurs de chiens et de raseurs de caniches. Mais le métier le plus étroitement lié à celui de décrotteur a été certainement et demeure encore aujourd'hui après leur émancipation des ramoneurs, celui de commissionnaire. Le « décrotteur » de Saint-Aubin portant un billet à destination nous montre la phase la plus intéressante de la profession.

(1) Voir Hurtaut et Audiffret, déjà cités.

La poste étant alors très mal organisée, et ni sûre, ni rapide, on comprend aisément comment devaient être occupés nos petits messagers, chargés, Dieu sait combien de fois ! de missions délicates et de lettres d'amour. D'après Mercier, l'institution de cette nouvelle petite poste venait du pays de la galanterie, d'Italie, où les vendeurs de poulets qui portaient les billets doux aux femmes, glissaient le message sous l'aile du plus gros et la dame avertie ne manquait pas de le prendre ! Depuis ce temps, nous dit le spirituel auteur du *Tableau de Paris*, *poulet* est synonyme de billet doux. « Ce service, que notre siècle, dans son affectation de puritanisme, est porté à regarder comme contraire à la dignité individuelle, ne touchait alors aucunement à l'honneur et à l'orgueil de cette catégorie, qui, s'affirmant supérieure à beaucoup d'autres professions, prenait pour ses membres les plus habiles le nom d'*artistes décrotteurs*. » Les estampes du dix-huitième siècle nous font voir souvent les « artistes » dans l'exercice de leurs fonctions ; il y a même une gravure de l'année 1833 qui représente *les artistes en plein vent*. On raconte que les décrotteurs de l'Opéra ont refusé le pourboire de Chape, basse-taille de ce théâtre, ne voulant pas, disaient-ils, recevoir de l'argent d'un confrère. On vit plus tard ceux établis sous la colonnade du Théâtre-Français ne pas vouloir accepter l'argent de Talma et donner pour raison à leur refus qu'entre *artistes* on se doit des égards réciproques...

*
* *

Mais comment les ramoneurs, dont l'histoire se confond avec celle des décrotteurs, ont-ils pu donner naissance à ce deuxième métier, qui n'a apparemment aucun rapport avec le ramonage ?

La raison en est, d'après nous, très simple. Il suffit seulement de se rappeler ce que nous avons dit plus haut, à savoir que la pâte noire pour nettoyer la chaussure décrottée était faite de noir de fumée : cet ennemi du ramoneur devient l'allié du décrotteur. Se trouvant en possession de la matière première, le petit ramoneur a pu, il est facile de voir comment, se transformer en décrotteur. Le nouveau métier ne requiert pas beaucoup d'habileté; il est en outre moins salissant, moins fatigant et surtout moins dangereux que l'autre. On comprend donc aisément la métamorphose toute naturelle d'une partie des ramoneurs savoyards et valdotains. Il est même permis de supposer, en nous basant sur les faits que nous venons de constater à propos de l'exercice simultané de différents métiers, que souvent la même personne pratiquait alternativement les deux professions. Le seul détail qu'on puisse affirmer positivement, au point de vue historique, d'après Hurtaut et Pontbriant, c'est que les petits décrotteurs logeaient dans les faubourgs pêle-mêle avec les ramoneurs, distribués par chambrées de huit à dix.

*
* *

Leur nombre était très considérable, comme c'était du reste la règle pour toute cette riche catégorie de métiers ambulants qui pullulaient dans la grande capitale de la France au dix-huitième siècle. La profession de décrotteur offrait en outre assez de profit, car, bien que le taux de décrottage pour une paire de souliers fût alors à peine de deux liards (un demi-sou), le travail ne manquait pas, en considération surtout des très rares moyens de communication en ville et du manque presque complet d'entretien des rues à Paris (1). Certains de ces industriels avaient recours à des subterfuges lucratifs, témoin l'histoire du Chien du Décrotteur.

L'usage des bottes étant réservé aux cavaliers, le piéton était obligé, s'il ne voulait pas se présenter crotté dans une maison, de faire nettoyer ses souliers dans la rue. Le roi même avait donné l'exemple, Louis XV s'était fait décrotter, le 4 mars 1737, en donnant un écu de six livres. Les dames ne craignaient pas non plus de poser leurs jolis pieds sur la sellette du décrotteur devant tout le monde, comme il y en a plusieurs exemples dans la collection des estampes des métiers à la Bibliothèque Nationale. Peut-être

(1) « Les boues de Paris sont noires, puantes et d'une odeur insupportable aux étrangers. » C'est la grave question insoluble des *odeurs de Paris*.

ces clientes choisissaient-elles de préférence les *décrotteuses* dont Paris fourmillait, au dire d'Antonini, et qui étaient vraisemblablement des auvergnates et normandes, car l'émigration savoisienne ne comportait pas de femmes (1).

On trouvait des décrotteurs avec la sellette et le pinceau réglementaire dans tous les quartiers de Paris, sur les quais, sur les ponts, sur les boulevards et à tous les carrefours. Les *cordons bleus* du métier se tenaient sous la colonnade du Théâtre-Français, à l'Opéra et sur les trottoirs du Pont-Neuf, que les caricatures anglaises du temps du roi George II nous montrent envahi par les décrotteurs. On ouvrit même plus tard une boutique au Palais-Royal à l'enseigne des *Artistes réunis*, et d'autres aussi dans les différents passages du Perron,

(1) V. le Dictionnaire italo-franco-latin d'Antonini (Venise, 1765) au mot *Décrotteuse* : « Femme qui nettoie les souliers. Paris fourmille de décrotteuses. On les trouve à tous les coins — *donne che nettano le scarpe.* »

La décrotteuse est très rare aujourd'hui. L'ordonnance de 1839 de la préfecture de police n'interdit pas en principe la délivrance de la médaille de commissionnaire aux femmes. Mais en pratique on ne donne pas si facilement la permission, car on pense, avec raison, que ce genre de travail dans la rue ne convient pas à la femme, dont il peut facilement entraîner la débauche. Quelquefois l'administration, se basant sur ce fait que l'ordonnance de 1839 n'est pas restrictive, a autorisé plusieurs femmes à faire ce métier. C'est ainsi que tout dernièrement. deux veuves de commissionnaires-décrotteurs, sans ressources et ayant des enfants, ont été autorisées à succéder à leur mari. La préfecture de police n'a pas voulu priver ces familles des moyens d'existence. Il n'y a pas longtemps, du reste, qu'est morte la vieille décrotteuse aux cheveux gris, qui stationnait près de la gare Montparnasse.

de Radziwill, de Feydeau, et des Panoramas. Comme il est usage encore en Italie chez les coiffeurs, il y avait des abonnements au mois et à l'année.

*
* *

Le monopole du métier de décrotteur ne resta pas longtemps dans les mains des Italiens à Paris.

Dans sa deuxième brochure publiée en 1737, l'abbé de Pontbriand nous raconte comment les Auvergnats et les Normands vinrent faire concurrence aux « Savoyards ».

Chaque décrotteur avait sa place marquée où il se rendait le matin pour servir le public. Or, « comme les Savoyards étaient depuis longtemps en possession des meilleures places et des endroits les plus passagers » et que « les Savoyards, les Auvergnats et les Normands ne se mettaient jamais ensemble », on comprend aisément que les premiers, forts de leur droit de priorité, ne se résignèrent pas à céder sans résistance l'endroit occupé, ni la sphère d'influence y relative. Il n'y a pas d'idée qui prenne aussi facilement racine dans l'esprit humain, que celle de la propriété : tous les vendeurs de la rue à poste fixe, et même les mendiants, regardent l'endroit occupé par chacun d'eux, comme une concession à perpétuité. Il y eut donc des luttes, dont nous devinons l'issue. Le métier de décrotteur tend à échapper peu à peu des mains des « Savoyards ».

Les Auvergnats, plus encore que les Normands, parviennent à s'installer dans la rue à côté des anciens décrotteurs, tandis que les Savoisiens et les Piémontais, se retirant en bon ordre, réussissent pourtant à garder encore une partie de leurs anciennes positions, et à faire repasser les quelques corps battus dans l'ancienne armée des ramoneurs.

*
* *

L'histoire de nos décrotteurs pendant cette époque nous offre une bien maigre récolte. Ni les légendes, ni les proverbes, ni les traditions, ni les chansons populaires ne font mention de ce métier, aussi bien en France qu'en Italie. Tout le monde connaît, il est vrai, un épisode intéressant dont nos décrotteurs auraient été les héros, épisode que toutes les encyclopédies répètent, d'après M. Audiffret, mais pour cette seule fois que les décrotteurs sortent de l'oubli auquel leur métier paraît voué, nous sommes obligés de nous demander s'il s'agit de choses vraiment vécues et présentant un caractère d'incontestable véracité, ou simplement d'une création fantastique sortie d'un cerveau romanesque.

Le bref article consacré par Audiffret aux décrotteurs, dans le *Dictionnaire de la conversation*, date de près de soixante-dix ans. D'après lui, ce serait sur cette classe honnête et dévouée — « qu'une administration égoïste et imprudente osa faire, en 1781, une expérience barbare ». — Tous les décrotteurs avec leurs familles et leurs amis furent appelés, nous raconte l'auteur, pour essayer la solidité de la nouvelle salle de l'Opéra, construite à la hâte et avec légèreté en soixante-cinq jours, près de la Porte Saint-Martin, après l'incendie de la salle du Palais-Royal. C'est donc pour eux qu'on aurait donné la représentation d'ouverture, et les murs, les charpentes, les escaliers ayant résisté au poids de ce nombreux et lourd auditoire, le beau monde rassuré sur la chute problématique de l'édifice ne craignit pas d'y venir le lendemain.

Le rédacteur du *Dictionnaire de la conversation* a voulu parler sans doute de la représentation donnée *gratis*, le 27 octobre 1781 pour l'ouverture de la nouvelle salle « en réjouissance de la naissance de Mgr le Dauphin », le malheureux Louis XVII. Or, dans les journaux de l'époque, nous ne trouvons nulle trace de ce qu'affirme M. Audiffret. Le *Journal de Paris* du 28 octobre 1781, en rendant compte du spectacle, nous parle seulement de la présence des charbonniers dans la salle. Rien aussi à cet égard ni dans le *Mercure de France*, ni dans les *Spectacles de Paris* (1), ni dans les célèbres *Mémoires secrets* de Bachaumont, continués par Pidansat de Marvibert (2). Nous trouvons, au contraire, dans ce dernier livre, que le lieu-

(1) Calendrier historique et chronologique des théâtres pour l'année 1781 (p. 10-11).

(2) Londres, 1782, t. XVIII, p. 115, 118 et 119.

tenant général de police, ayant voulu apporter les plus grandes précautions, avait donné, le jeudi 25, l'ordre d'une visite générale par cinq architectes. Les « Mémoires », entrant dans les détails de la soirée, nous racontent qu'il y avait plus de dix mille personnes et que l'on en a compté jusqu'à vingt dans une loge. — « Il y a eu, après le spectacle, distribution de pain et de vin et les poissardes avec les charbonniers ont formé des danses et ont chanté des chansons qu'on n'est pas accoutumé d'entendre en pareil lieu, mais qu'autorise la licence du jour. » — Pas un mot sur les décrotteurs ! Or, il est presque sûr que si l'administration royale avait vraiment commis l'acte barbare de faire l'expérience de la solidité d'un théâtre national *in corpore vili* de pauvres enfants étrangers, il n'y aurait eu en France qu'un seul cri unanime de généreuse indignation et les *Mémoires secrets*, catilinaire violente contre le gouvernement et même « amas d'absurdités ramassées dans le ruisseau » (La Harpe), n'auraient pas manqué l'occasion de raconter ce fait et de s'en servir comme d'une arme formidable.

*
* *

Du reste, cette histoire continue, pauvre et modeste, pendant tout le dix-huitième siècle, sans aucun incident d'importance. Nous constatons seulement, en 1777, que les « Savoyards » perdent encore, du terrain, car ils éprouvent même une défaite dans le champ du ramonage, dont ils avaient gardé jusqu'alors le monopole absolu (1).

Le dix-neuvième siècle, l'époque des grandes inventions, devait amener, au point de vue technique, une profonde révolution dans le métier du décrotteur.

Le vieux cirage élémentaire de la fin du dix-septième siècle, qui servait seulement à noircir la chaussure, avait déjà subi une amélioration par la substitution à l'huile grasse du blanc d'œuf battu. C'est cette espèce de cirage à l'œuf que nous retrouvons dans la gravure fort curieuse par Noël frères : *Un Coin du Pont-Neuf.*

Mais le noir de fumée était resté encore la matière *sine qua non* de cette composition. Or, les inconvénients en étaient bien sensibles, car ce cirage qu'on appliquait liquide avait entre autres le grand désavantage de s'écailler par la chaleur et de perdre son lustre quand il faisait humide. C'est à l'époque de la grande Révolution, que s'opère la petite révolution dans le cirage, tel à peu près qu'on l'emploie, encore à présent (2).

(1) Voir arrêt du Conseil d'État du 2 février 1777, permettant « au sieur Joseph Villiner et à ses ayants cause d'entretenir à leurs frais, dans la ville de Paris et faubourgs de Paris, le nombre de ramoneurs que bon leur semblera ».

(2) Composé de noir d'ivoire broyé à l'eau, de mélasse avec quelque peu de vinaigre ou d'acide sulfurique, de l'huile, de la noix de galle et de sulfate de fer.

Il paraît que l'invention est anglaise, bien que le fait ne soit pas absolument certain. Il est toutefois hors de doute que ce cirage s'est appelé tout de suite en France *cirage anglais*. Dans le *Palais du Tribunal* (n° 235) on note *les décrotteurs d'artistes, composition de cire luisante anglaise*. Ce produit constituait alors en Angleterre une industrie importante, ayant donné lieu à plusieurs brevets aux noms de H. Day, Arthur Holborne, Robert Warren, et avant eux, de William Bayley, qui, si ce que nous affirme M. Reel dans son *Encyclopedia* est exact, aurait eu le brevet en 1771. On a longtemps gardé au Conservatoire des arts et métiers deux bouteilles de ce cirage apporté comme grande nouveauté à Paris en 1806. C'est en 1807 qu'un Français nommé Colmant se fit breveter pour la confection d'un cirage « à la mode d'Angleterre ». Il fut suivi quelques années plus tard par un certain Viard, dont la boutique située au boulevard du Temple, n° 18, portait l'enseigne patriotique : « Aux Français la perfection (1) ».

Il est curieux d'ajouter que quelques dizaines d'années plus tard, un nouveau cirage français a été l'objet d'une pièce de vers, c'est-à-dire sous forme de réclame, par Théophile Gautier !

(1) Voir dans la collection des estampes du *British Museum* la réclame de la Maison Viard, lithographiée par A. Macaire.

⁂

Bien que ses armes soient changées, la condition matérielle du décrotteur au dix-neuvième siècle nous offre bien peu de différence avec celle du précédent. Mais il commence à perdre l'indépendance absolue dont il avait joui jusqu'alors dans l'exercice de ses humbles fonctions. Le métier avait été déjà visé indirectement par la loi des 16-24 août 1790, titre XI, article III, et par celle du 12 messidor an VIII (1er juillet 1800). L'arrêté du gouvernement du 3 brumaire an IX entre plus particulièrement en matière, en chargeant le préfet de police de la surveillance spéciale des décrotteurs qui prennent alors le nom de *commissionnaires*, tant à Paris que dans les communes du ressort de la préfecture. Après les guerres napoléoniennes, l'émigration de la province et de l'étranger s'accroît et les Savoyards et les Piémontais souffrent encore davantage de la concurrence. Heureusement l'ancien établissement « pour les petits Savoyards » renaît de ses cendres et est relevé sur de nouvelles bases en 1819 par l'abbé Duval. Cet ecclésiastique, rendant hommage au progrès, sut rendre plus moderne l'organisation de l'établissement en y joignant un atelier dans la rue de Sèvres où les plus petits et les plus délaissés des enfants étaient occupés à la fabrication des cordes. Mais tout de même, sacrifiant à l'esprit étroit de l'époque, on ne voulait pas donner à ces Savoyards, — et c'est la note publiée par l'abbé Duval lui-même qui l'avoue, — « des états qu'ils ne pourraient exercer avantageusement que loin de leur pays » ! Il faut reconnaître qu'on faisait cependant quelque chose, car, par le même document paru en 1819, nous apprenons que « des distributions de sellettes de décrotteurs et autres instruments de divers états avaient été faites aux Savoyards ». — C'est en faveur de cette institution que le baron Guiraud publia en 1823 ses *Élégies*, qui rapportèrent à l'Œuvre des petits Savoyards au moins 4.000 francs. Le cœur noble et le sentiment délicat du poète ne pouvaient être mieux inspirés ! Les trois petites élégies ont seules survécu au naufrage complet de l'œuvre entière de Guiraud. Deux générations de Français et de Piémontais ont versé bien des larmes sur la célèbre pièce : *le Petit Savoyard* (1).

*
* *

Mais les événements politiques italiens changent bientôt le caractère de cette émigration. La tyrannie chasse de tous les côtés de la péninsule la jeunesse généreuse, et Paris se peuple d'émigrés. Les files des commissionnaires décrotteurs savoyards se remplissent d'autres éléments italiens, et de toute classe. Nous savons que ces rangs ont renfermé même des

(1) Cette pièce, qui faisait jadis partie intégrante de toute anthologie, tend maintenant à disparaître.

aristocrates et nous pouvons citer comme exemple, sur l'autorité de l'historien et patriote bien connu, Atto Vannucci, un des frères de Pie IX, un comte Mastai de Sinigaglia (1), décrotteur sur les boulevards de Paris. Les vieux membres de la colonie se rappellent encore le cireur de bottes, d'origine italienne, stationnant près du boulevard Montmartre, qui avait l'honneur de décrotter la chaussure de Rossini et d'être le confident du maître. Il ressort des documents existant aux archives de la préfecture de police que ces commissionnaires décrotteurs étaient bien nombreux. Dans une pétition adressée en 1830 par eux au préfet de police pour se plaindre de ce que les propriétaires de chars à bancs et de tapissières, les bouchers, menuisiers, tripiers, etc., au lieu de les occuper, emploient des individus qui ne sont pas commissionnaires, ils affirment être 12.000 dans la seule ville de Paris.

Ce nombre ne paraît nullement exagéré. L'agglomération excessive des cireurs de bottes est prouvée par un autre document figurant dans les mêmes archives. Il s'agit d'une plainte, dont la préfecture a été saisie en 1831, par une marchande de vin de la Chaussée d'Antin contre douze commissionnaires-décrotteurs savoisiens qui stationnaient tous devant sa porte et empêchaient ainsi le public de pénétrer

(1) Atto Vannucci racontait souvent cet épisode parmi les autres souvenirs de son exil. Ce récit nous a été confirmé par son ami, l'éminent professeur Stromboli, de Florence.

dans l'établissement. Cette plainte fut reconnue fondée.

Quant à la conduite de cette classe, après les derniers règlements qui cherchaient à les enregistrer, elle n'aurait pas été aussi régulière que par le passé. Si l'on veut ajouter foi aux rapports des commissaires de police existant aussi aux archives (1), les décrotteurs se seraient fait remarquer par leur indiscipline et leur esprit d'indépendance. Mais il s'agit de peccadilles : l'honneur de la corporation reste intact, et le baron Guiraud peut témoigner de l'estime dont jouissent encore les décrotteurs savoyards à Paris, lorsqu'il écrit que — « une longue habitude de confiance est accordée dans Paris à ces étrangers qui la justifient, il est vrai, par un long usage de fidélité ». — Leur diligence est établie d'une façon indirecte par La Bédollière, qui louant, il y a soixante ans, l'activité des modèles italiens, nous fait savoir que ceux-ci exerçaient, dans leurs moments de loisir, le métier de cireur de bottes. N'est-il pas plus vraisemblable, en renversant la phrase, que c'étaient les décrotteurs qui, à temps perdu, devenaient des modèles (2) ?

*
* *

Les nouveaux principes, adoptés par les autorités,

(1) V. entre autres les rapports datés d'octobre 1817 et de février 1828 des commissaires des quartiers du faubourg Montmartre et du quartier Feydeau.

(2) Comme aux États-Unis.

tendant à réglementer les métiers de la rue, portent un bien rude coup aux « Savoyards » par l'ordonnance de police du 1er juillet 1839, suivie de la circulaire préfectorale du 5 juillet. On prescrit que le décrotteur, pour obtenir la médaille nécessaire pour l'exercice du métier, doit se présenter à la préfecture de police muni d'une pièce établissant sa qualité de Français. Bien que dans les premières années l'application de cette ordonnance protectionniste n'ait pas été faite d'une manière trop rigoureuse, il est certain que l'immigration de nos décrotteurs à Paris est terminée. Si une grande partie des anciens « Savoyards », qui se sont faits peut-être naturaliser Français, demeure fidèle à l'ancien métier, le reste marche à la conquête d'un autre pays qui puisse leur offrir cette hospitalité que Paris maintenant leur refuse. La conquête de l'Angleterre avait déjà était faite par les joueurs d'orgue : n'y aurait il pas une place aussi pour les décrotteurs ?

Ce fait, qui nous a été attesté par de vieux Italiens de notre colonie de Londres, se trouve confirmé par les journaux anglais de l'époque (1). Il est vrai que ces journaux ne parlent que d'une invasion de décrotteurs français, soit que les « Savoyards » aient tenté de conquérir Londres, comme il est plus que probable, avec l'aide de leurs camarades français, soit que

(1) V le *Times* de mars et avril 1851.

la langue qu'ils parlaient n'ait pas bien révélé leur nationalité italienne.

*
* *

Le Prince Consort avait eu l'idée géniale de la première Exposition universelle qui devait s'ouvrir à Londres en 1851. C'est à cette occasion, d'après ce que raconte M. Mackay dans la revue *Time* (1) que s'est créée l'institution des *Street-Shoeblacks* de la métropole anglaise « dictée par un sentiment d'hospitalité envers les Français » qu'on attendait à l'Exposition et qu'on savait habitués à faire décrotter leurs chaussures dans la rue. La physionomie particulière de Paris était donnée, dans les caricatures anglaises des dix-huitième et dix-neuvième siècles, par ce métier de décrotteur exercé en public (2).

Les *Shoeblack brigades*, *bleu*, *rouge* et *jaune* furent des créations de la *Ragged School Union* qui comptait déjà sept ans (3).

(1) Juillet 1899.

(2) En Angleterre le métier de décrotteur existait déjà, mais il s'agissait d'individus qui fréquentaient les maisons et y faisaient, comme les frotteurs de parquets d'aujourd'hui, leur besogne à l'intérieur. Ce métier devait être bien misérable puisque Daniel de Foë, le célèbre auteur de *Robinson Crusoë*, parle des décrotteurs comme d'individus les plus méprisables et misérables de l'espèce, — « *despicable and miserable to the last degree* ». — Dans le *World* du 31 janvier 1754, Edward Moore, représentant les misères d'un écrivain, dit que ce métier est pire même que celui de décrotteur !

(3) V. aussi *Quarterly Record of the Ragged School Union* de jan-

Il est curieux de noter qu'avant cette institution les cireurs de bottes dans la rue manquaient en Angleterre. Il aurait paru *shocking* de s'y faire nettoyer les chaussures en public et les bons Anglais, à l'instar de Dickens et Thackeray, se moquaient des mœurs inconvenantes du continent. Ce fut donc une date mémorable que la journée du 31 mars 1851, quand Mc Gregor, qui avait eu l'idée de fonder ces *brigades*, eut le courage de faire décrotter ses souliers dans le centre de la métropole, à Trafalgar Square. Plusieurs milliers de personnes y assistèrent et les journaux relatèrent avec tous les détails le grand événement du jour !! Un pair du Royaume-Uni suivit l'exemple héroïque donné par Mc Gregor et alors peu à peu les *commoners* ne virent rien d'inconvenant dans cet usage.

vier 1878. — Il est peut-être intéressant pour la statistique de noter ici que ces *brigades* comptaient au commencement une cinquantaine de garçons qui deviennent 108 en 1855, nettoyant 544.800 paires de chaussures et gagnant 2.270 livres. Ces profits se montent à 4.548 livres en 1859 et en 1886, à 11.000 livres pour 364 garçons, appartenant à neuf brigades protestantes (même parmi les décrotteurs il y a des divisions de religion en Angleterre !). Comme nous lisons dans *Tit-Bits* du 8 juin 1901, M. Bird, directeur de la *London Shoeblack Brigade*, aurait affirmé, à l'occasion du jubilé de l'institution, que rien que pour le mois de mai de ladite année, chaque garçon aurait gagné 2.638 *pence*, c'est-à-dire plus de 2 *livres* et 15 *shillings* par semaine. Mais il est bon d'ajouter que les Anglais, comme nous le déclarait une autorité telle que M. William Bonsfield, de la *Charity Organisation Society*, ne voient pas de bon œil ce métier qu'ils considèrent comme dégradant et immoral pour un jeune homme, perdant ainsi toute occasion de s'instruire et d'embrasser à l'âge voulu une autre profession plus noble et plus utile à la société.

L'enfance de la nouvelle institution, le petit nombre de ses adhérents et le peu d'habileté qu'on leur supposait, firent croire aux décrotteurs savoyards et français de Paris que le moment était propice et qu'on aurait pu profiter de l'occasion de l'Exposition pour débarquer, comme ils le firent, en Angleterre. Mais la tentative échoua : une terrible rivalité se déclara entre les *brigades anglaises* et les nouveaux arrivés et de véritables batailles eurent lieu entre les deux armées. Bien que la première rencontre à Hyde Park ait eu une issue favorable pour les Italo-Français, la guerre se termina par la victoire complète des Anglais. On nous a jadis raconté que deux ou trois décrotteurs italiens, restés en Angleterre, réussirent à entrer dans une brigade catholique, mais que tous les autres se firent joueurs d'orgue de Barbarie. Naturellement ces dires n'ont pas pu être contrôlés, et il nous faut accepter la légende à défaut de l'histoire. Le seul point sûr, c'est qu'en Angleterre il n'y a plus à présent un seul décrotteur italien.

*
* *

A Paris aussi nos cireurs de bottes ont disparu complètement : mais les Savoisiens, devenus Français depuis 1860, ont repris l'ancienne route et réussi à occuper la position d'autrefois en prenant la revanche sur les Auvergnats et les Parisiens. Toutefois le caractère de cette émigration a changé : au lieu d'enfants, nous avons des personnes âgées. On reconnaît ces descendants de l'aristocratie de la sellette, plus qu'à leur type fort et robuste, au journal *le Savoyard de Paris* qu'ils ont toujours à la main. La dernière statistique donne pour les 2.130 décrotteurs commissionnaires du département de la Seine 425 Savoisiens, 330 Parisiens, 220 Auvergnats, 150 Alsaciens-Lorrains, etc. Mais ce nombre tend à diminuer constamment, car le service de commissions trouve une forte concurrence dans la poste pneumatique, dans les colis postaux à domicile et dans le fait que le service de décrottage devenu de jour en jour plus rare à cause du meilleur entretien des rues et de la facilité des communications, est combattu par la machine mécanique, préconisée par Wells. *L'autocireur* à 10 centimes, dont Paris a déjà des spécimens rue Cambon et à la gare Saint-Lazare (1), commence à devenir populaire : son urbanité et sa dextérité sont parfaites (2), et la machine mécanique triomphe de la machine vivante. L'administration, qui avait découvert autrefois dans le pauvre décrotteur l'étoffe d'un contribuable, en lui faisant payer un droit

(1) Dans l'autocireur on place successivement la bottine dans trois casiers qui sont sur le socle de l'appareil ; le premier enlève la boue : le second étend le cirage et le troisième fait reluire.

(2) On a eu toutefois à constater plusieurs accidents. Les journaux se sont occupés dernièrement d'un cas malheureux, survenu à Victoria Station à Londres, où le pied du client a été engagé dans les dents de la machine.

variant de 5 fr. 50 à 10 francs pour l'autoriser à poser sa sellette sur la voie publique, a supprimé cette taxe depuis trois ans. Mais la condition présente des cireurs de bottes à Paris reste toujours bien critique et douloureuse.

*
* *

Si les décrotteurs italiens ont quitté Paris, ils existent encore en petit nombre dans quelques départements de la France. C'est une immigration moderne qui date depuis la constitution du Royaume d'Italie, et qui reste limitée aux départements des Alpes-Maritimes, du Var, des Bouches-du-Rhône et de la Loire.

Les chiffres que nous avons recueillis nous permettent d'évaluer à 300 ou 400 le nombre des décrotteurs Italiens existant dans ces quatre départements.

A Nice (nous citons les données de notre Consulat général), il y en aurait à peine une trentaine, tous originaires de la Campanie ou des Calabres. Ils n'auraient pas de permis réguliers, mais seraient seulement tolérés (1).

A Toulon, d'après les recherches effectuées par notre consulat, les commissionnaires-décrotteurs

(1) A Cannes les quatre cireurs de bottes, tous d'origine italienne, ont dû se faire naturaliser Français.

italiens exerçant aussi occasionnellement le métier de ramoneur, n'arriveraient pas à une centaine. Nos décrotteurs à Toulon seraient aussi simplement tolérés par l'autorité de police, comme il en est à Cette, à La Ciotat, à Montpellier et à Lyon. L'on trouve enco. quelque rare Valdotain parmi les Napolitains. Mais il s'agit toujours ici de petites bandes: le détachement le plus fort de notre armée réduite figure dans le chef-lieu des Bouches-du-Rhône. Marseille demeure le dernier refuge de notre ancienne émigration de décrotteurs.

*
* *

Des informations particulières portent à 300 le nombre des décrotteurs italiens à Marseille, tandis que ce chiffre est réduit à plus de la moitié par notre Consulat général. Nous sommes dans le vrai en retenant que les cireurs de bottes italiens à Marseille peuvent varier entre 150 et 200. A la différence des décrotteurs de Paris, le métier est exercé, comme dans les anciens temps, par les enfants et les garçons de huit à treize ans. L'enquête que nous avons faite sur les lieux le confirme.

On a parlé des décrotteurs italiens de cette ville dans la presse et au Parlement italien, à l'époque des grandes grèves maritimes de Marseille, de mars 1901, quand les petits cireurs de bottes italiens furent accusés de s'être révoltés contre les autorités.

Un convoi de prisonniers qu'escortait un peloton de gendarmes à cheval se heurta, en arrivant sur le cours Belsunce, à une foule hostile qui lui barrait le passage. Aux huées, aux cris et aux protestations succéda bientôt une grêle de projectiles de toute sorte, tels que petits bancs, chaises enlevées à la terrasse des cafés, verres, bouteilles, siphons et jusqu'à ces petites boîtes que portent nos décrotteurs. Heureusement l'enquête à laquelle il fut procédé, démontra que les jeunes cireurs de bottes qui, *a priori*, avaient été considérés comme ayant pris une part active à la manifestation, devaient être au contraire mis hors de cause. Confondus dans la mêlée, ils s'étaient vu enlever leurs boîtes par des forcenés qui s'en étaient servis comme de projectiles. Aucun d'eux ne fut d'ailleurs inquiété par l'autorité marseillaise. Cet incident a été dénaturé par la presse des deux pays et c'est d'après ces informations erronées qu'un député, M. Rossi, a parlé de l'affaire à la Chambre italienne le 27 mai de la même année. Pauvres décrotteurs ! Tel est leur destin pour les quelques rares épisodes de leur histoire !

La police marseillaise ferme les yeux sur ces petits vagabonds qui ne seraient pas autorisés à stationner sur les voies publiques, et qu'on rencontre partout devant les cafés de la Cannebière, dans le cours Belsunce, la rue Colbert et sur la place de la Bourse.

Nos cireurs de bottes sont généralement bien vus

par les classes inférieures de la population marseillaise, auxquelles ils rendent souvent des petits services utiles en nettoyant la paire de chaussures pour 5 centimes seulement ! Le métier qu'ils exercent ne leur donne pas beaucoup de profit : le mot portugais *sempre pobre e alegre* est leur devise ; s'ils sont gais, ils sont toujours bien pauvres ! Les gains journaliers atteignent rarement 2 francs, et c'est seulement les dimanches et jours de fêtes qu'ils réussissent à amasser jusqu'à 5 ou 6 francs. D'ailleurs ce métier est exercé au détriment de leur avenir, car ils ne fréquentent aucune école, et leur éducation et instruction sont entièrement négligées. Nous avons rencontré des enfants qui ne parlaient que le patois napolitain et un petit peu le provençal, et qui ne savaient ni lire ni écrire ! Leur condition morale et économique est bien en péril, si l'on pense qu'il n'existe pas de surveillance familiale sur eux, et qu'il n'y a aucune trace de société de patronage. Les essais tentés par Spagnoletti, il y a quelques années, de constituer à Marseille une société du type de celle des décrotteurs d'Athènes, fondée par Lambros, ont échoué.

L'importante et nombreuse colonie italienne de Marseille, composée dans sa plus grande partie d'honnêtes travailleurs et d'ouvriers habiles, ne peut pas voir d'un œil favorable ce triste spectacle qui blesse son patriotisme. Nous avons sous les yeux une brochure de M. Auguste Pala, jadis résident à

Marseille, qui demande « la prohibition absolue du nuisible abus du petit décrotteur ». — D'après l'auteur, ce seraient les parents qui obligeraient leurs enfants à faire ce métier et qui refuseraient de leur donner à manger, s'ils rentrent à la maison avec une somme inférieure à un minimum fixé. Mais cette auréole de poésie et cette palme de martyre leur seraient ôtées par le consulat général. Il s'agirait trop souvent, en effet, nous assure-t-on, de petits êtres vicieux, qui donneraient à la famille une partie bien minime de leurs profits, étant presque tous adonnés au jeu de cartes et très enclins à dépenser leur argent à l'achat de douceurs et de tabac.

*
* *

Un de ces petits décrotteurs, que nous avons interrogé à Marseille sur ses projets d'avenir, nous a répondu que la France n'était pas le pays qu'il lui fallait; il songeait, aussitôt qu'il aurait ramassé l'argent nécessaire pour le voyage, à partir pour l'Amérique.

Ce n'est plus maintenant la grande péninsule du sud qui attire les décrotteurs italiens; il y en a déjà trop. Les Portugais à Rio et les Espagnols à Buenos-Ayres leur font une si dure concurrence que le prix du décrottage a baissé de la moitié (1).

(1) Pour le Brésil il existe encore une traite régulière de ces pauvres enfants, dénoncée par le missionnaire Maldotti dans une conférence tenue à Turin en 1898 (V. *Gli Italiani all' estero*, Turin, Roux, 1899, p 44).

Nos cireurs se rendent de préférence aux États-Unis. Il paraît que cette émigration spéciale date depuis à peine une trentaine d'années, car le *Times* de New-York du 6 décembre 1873, qui publie les lettres d'un fervent apôtre de la cause des petits Italiens, M. Celso Moreno, à M. Sumner, ne fait pas mention, dans l'énumération des différents métiers exercés alors par les Italiens, de cette profession de cireur. Les rapports consulaires aussi ne s'occupent de nos décrotteurs que quelques années plus tard. Les États-Unis offrent le terrain le plus favorable aux décrotteurs, en considération de l'idée exagérée de dignité personnelle, que fort heureusement n'ont pas encore nos domestiques (1) ; et qui fait refuser par leurs collègues de là-bas ce détail de service. Les Italiens ne trouvent de concurrents que parmi les nègres et les... *gentlemen*. Notre illustre écrivain Mosso nous racontait à cet égard la curieuse rivalité qu'il y a entre les jeunes gens dans une maison américaine à la campagne, impatients de se lever de bonne heure, pour cirer les bottines des dames ! Il est vrai, nous ajoutait le spirituel professeur, qu'il y a un instrument *ad hoc*, qui ne salit pas trop le *gentleman cireur*. Nos compatriotes gagnent facilement là-bas 2 dollars par jour, c'est-à-dire 10 francs, et ils n'ont

(1) En France, ce même préjugé existe dans le département des Pyrénées, où l'on confie la besogne de cirer les bottines aux étrangers, principalement aux Espagnols sans ouvrage. A Toulouse appeler quelqu'un décrotteur, c'est, dans le langage ordinaire, lui infliger la pire des injures,

pas de frais. Seulement, par suite de ces profits non indifférents, les cireurs se sont trouvés obligés de s'installer plus luxueusement. C'est ainsi que les « bootblacks » ont maintenant des fauteuils très confortables et que la sellette représente souvent, en l'honneur de l'État qui leur donne une si généreuse hospitalité, la grande aigle blanche aux ailes déployées. En Amérique l'on peut aspirer à tout, même en étant décrotteur, comme jadis en Angleterre, où, comme le rappelle une ballade écrite par un cireur de bottes, un autre cireur, Hartley Hutchinson, était devenu « Attorney » (1). Dans un de ses derniers numéros, le *New-York World* a publié les portraits et les biographies de sept décrotteurs devenus millionnaires. Le plus célèbre est Antonio L. Aste, bien connu aujourd'hui dans le monde du sport pour avoir vendu le pur sang « Nasturtium » 50.000 dollars à MM. Whitney et Haggin, après avoir gagné 300.000 francs avec ce cheval. Antonio L. Aste est arrivé à New-York en 1884 sans le sou. Mais tout cela se passe en Amérique, le pays de l'au-delà : si l'on admettait même comme exacts ces racontars, quelle conséquence oserait-on tirer du fait que, parmi quelques dizaines de milliers de cireurs de bottes, une demi-douzaine soit arrivée à percer ?

(1) V. *A vindication of the libel or a new Ballad written by a shoeboy on an Attorney who was formerly a shoeboy.* La ballade porte la citation : *Qui colorator erat nunc est contrarius atro*, et a été publiée en 1729-1730.

CHAPITRE III

LES STATUAIRES DU PEUPLE

Les petits vendeurs de statuettes qu'on rencontre à chaque coin de rue, avec leur fragile marchandise sous le bras, sortent pour un moment, malgré eux, de leur modeste et obscur effacement.

La présentation faite récemment à la Chambre d'un projet tendant à étendre aux œuvres de sculpture l'application de la loi des 19-24 juillet 1793, sur la propriété artistique et littéraire, a mis en effet sur le tapis la question de ces petits mouleurs et de leur commerce.

Il faut déplorer qu'une connaissance imparfaite des conditions véritables dans lesquelles vit cette partie si intéressante de l'émigration italienne, ait induit en erreur l'opinion publique française sur le compte de ces humbles ouvriers qu'on a représentés comme un simple ramassis de voleurs! L'accusation étant portée contre une petite population flottante composée presque exclusivement de petits garçons, c'est une œuvre de justice et d'humanité, bien plus qu'un devoir de patriotisme, que nous allons remplir en prenant la parole pour leur défense, afin de placer les prévenus sous une plus impartiale et plus véritable lumière. Cette tâche nous permettra d'étudier un métier et une classe qui n'ont formé jusqu'ici l'objet d'aucun travail détaillé.

*
* *

Antoine Guadagnoli, le poète burlesque populaire du commencement du siècle dernier, a dédié en 1849 de jolis vers à « un de ces Lucquois qui, avec un peu de plâtre et deux moules voyageant en maints pays, font des saints, des têtes, des marionnettes, des Pie IX, des Charles-Albert, des Léopold (1), et rentrent après chez eux avec beaucoup d'argent ».

Cet ancien métier tout à fait italien se vanterait d'avoir parmi ses adeptes même un empereur romain, Néron, d'après ce que nous affirme Garzoni dans les quelques lignes qu'il consacre dans sa *Piazza Universale* aux *formatori in gesso*, dont la souche remonterait, selon lui, à Lysistrate Sicionius, frère de Lysippe, au quatrième siècle avant J.-C.

Les anciens *formatori in gesso*, formateurs en craie, prennent aujourd'hui des noms différents.

(1) Le grand-duc de Toscane.

Deux mots de philologie à ce sujet.

Les vendeurs de statuettes ou « stucchini », sont connus maintenant sous le nom de *stucchinaj*. Il est vrai que ce mot n'a pas encore reçu le baptême de la Crusca, ne figurant pas dans l'avant-dernière édition, la quatrième, qui est la seule complète, car la dernière commencée en 1865 subit les mêmes lenteurs que le Dictionnaire de l'Académie ! Mais le mot a déjà sa place dans les lexiques de Tommaseo, de Fanfani, de Rigutini, et est universellement adopté dans le langage. Les *stucchinaj*, toutefois, comme le fait observer le professeur Fambrini, de Lucques, se donnent eux-mêmes de préférence le nom plus noble et plus sonore de *figuristi* ou *figurinaj*. Il faut ajouter aussi que la grande famille des mouleurs se divise en deux catégories : ceux qui moulent et ceux qui vendent. Les premiers se subdivisent à leur tour en *stucchinaj* ou *figurinaj* proprement dits, dont l'œuvre est tout à fait matérielle, et en *formatori*, formateurs, dont le métier artistique impose la connaissance du dessin et de la plastique pour réduire les modèles en plâtre et faire les moules.

* * *

Les vers du poète arétin que nous avons cités plus haut répondent à une première question qu'on pourrait se poser, à savoir de quelle partie d'Italie proviennent ces mouleurs.

C'est bien de Lucques et des pays environnants de la Toscane qu'ils sortent tous presque sans exception. Autrefois, les rapports de nos consuls signalaient aussi la présence à l'étranger des enfants mouleurs originaires de Parme, mais cette province ne contribue plus aujourd'hui d'aucune façon à l'émigration des *stucchinaj*.

A qui désirerait connaitre avec plus d'exactitude géographique leur pays d'origine nous pourrions ajouter que les petites communes de la province de Lucques, qui envoient tant de mouleurs à l'étrangers, sont situées près des limites de cette province, du nord à l'est, sur la pente méridionale de l'Apennin et sur la ligne des deux rivières, le Serchio, l'ancien *Auser* des Latins, et la Lima, sur une lougueur d'à peu près 23 kilomètres et une profondeur de 10.

Mais la tache d'huile s'est agrandie. Les pays circonvoisins des provinces de Pise, Massa-Carrare et Florence font déjà une forte concurrence aux Lucquois.

Les petits villages de la montagne lucquoise d'où viennent les mouleurs ont un cachet tout à fait spécial. Déjà Heine, dans ses *Reisebilder*, avait chanté les beautés naturelles de ce petit coin de paradis terrestre, dont il disait qu'il n'avait jamais vu rien de plus beau. Entre les buissons de myrtes et les forêts de châtaigniers, parmi les parfums de roses, dans un cadre de lignes harmonieuses qui expriment toute une civilisation et s'accordent avec le pâle azur du ciel, s'élèvent des maisonnettes blanches, propres et coquettes, comme de jolies femmes poudrées. Chaque mouleur tient à se bâtir, avec le fruit de ses économies, une petite maison qui rivalise avec celle du voisin. Les stucateurs de la vallée d'Intelvi, près du lac de Côme, aiment à se construire dans leurs pauvres logements, des cheminées superbes, en souvenir des travaux exécutés par eux à l'étranger. Le stucchinajo lucquois orne sa petite chambre des différents souvenirs de sa carrière agitée avec bon nombre de ces reproductions de chefs-d'œuvre de la statuaire ancienne et moderne qu'il a colportées à travers le monde.

* * *

La capitale de la petite république des *stucchinaj*, que Sismondi appelait la *Suisse italienne*, reste encore le village de Coreglia, le fief historique des Antelminelli, ancien berceau de l'art du moulage.

C'est dans cette localité que nous trouvons une école pour apprendre à « jeter en moule », avec cours régulier de dessin et de plastique. Cette école a été fondée par un ancien ouvrier, le baron Charles Vanni, qui est aujourd'hui une des personnalités les plus importantes de la colonie italienne de Vienne. De l'école Vanni sortent non seulement des mouleurs, mais aussi — et c'est le côté le plus important — des stucateurs, dont l'industrie très rémunératrice est également un monopole italien. Après Coreglia nous avons la pittoresque Montefegatesi, célèbre par ses diaprures couleur foie [fegato] qui ont donné le nom au village. Le bureau postal de cette commune — ou mieux fraction de commune — reçoit chaque année une centaine de mille francs de mandats de l'étranger.

La population de ces montagnes compte parmi les plus intelligentes et les plus affables de la Toscane. Ses mœurs sont douces et honnêtes. On dirait qu'un souffle de saine poésie plane sur ces monts. Nous sommes dans le pays classique des *stornelli* où le peuple chante, dans les *metati*, en automne, des vers comme les suivants qu'on dirait plutôt de Guinicelli ou de Cavalcanti :

Una fila di nuvole d'argento
Innamorate al lume della luna
Vengon per l'aria portate dal vento
A salutarti, o bella creatura.

Une traînée de nuages d'argent
Épris d'amour à la lumière de la lune
Vient par l'air, portée par le vent,
Te saluer, ô belle créature.

Et la poésie y est cultivée principalement sous la forme de poèmes chevaleresques. Toutes les maisons possèdent soit la *Jérusalem*, soit le *Furieux*, soit le poème classique de Bojardo, que les grands garçons apprennent par cœur, tandis que les petits commencent leur éducation dans les romans de chevalerie tels que *I Reali di Francia*, *Guerrino il Me-*

schino ou bien les *Aventures du très valeureux chevalier Don Flarambello de Lucques.*

Ce sont les noms des héros de ces aventures qui sont donnés aux enfants (1). Mais nos mouleurs ne lisent pas seulement ; ils produisent.

Leur corporation peut citer avec orgueil un poète régional de la montagne lucquoise, Pier Angelo Sarti, né à Vitriano à la fin du dix-huitième siècle et mort à Lucques vers la moitié du dix-neuvième siècle. Si les figurines qu'il a moulées sont encore regardées aujourd'hui par les connaisseurs comme de véritables chefs-d'œuvre de grâce et d'élégance, c'est toutefois à son grand poème héroï-comique, *Il Castel Ramigi riacquistato* (2) que Sarti doit sa célébrité. « Le Château Ramigi reconquis » compte des stances superbes d'une facture et ciselure que n'eût point désavouées l'Arioste. Sarti séjourna quelque temps en France, mais la plus grande partie de sa vie se passa en Angleterre, où il fut l'ami et le... banquier de Foscolo (3).

(1) Dans son Théâtre populaire lucquois (Turin, 1895), M. Giannini rappelle qu'on trouve très communément, surtout dans la vallée inférieure du Serchio, les noms de Fioravanti, Dusolino, Fiore, Rizieri, etc. Nous avons rencontré à Paris plusieurs *Guerrino*, *Mambrino*, *Ardelio*, *Lamo*, etc.

(2) Le poème fut publié à Lucques, dûment corrigé, car il fourmillait de fautes d'orthographe, par Jean Pierrotti. Sarti a laissé aussi l'*Histoire et les aventures de sa vie* en vers, dont la publication apporterait beaucoup de lumière à l'histoire confuse des mouleurs. Malheureusement, le poème pèche par la longueur et le réalisme dans le genre de Casanova.

(3) Le poète des *Sepolcri* ayant besoin d'argent (c'est Sarti qui a

*
* *

Ces lectures de poèmes et d'aventures de chevaliers errants ont, à vrai dire, développé l'instinct d'émigration qu'il faut attribuer, toutefois, à une cause très puissante : la surabondance des habitants.

La densité de la population dans l'ancienne République de Lucques était jadis proverbiale.

Dans son curieux guide *les Délices d'Italie*, publié vers la fin du dix-septième siècle, M. de Rogissard observait déjà que le territoire de la minuscule République n'avait que 30 milles de circuit, mais qu'il était si peuplé que le gouvernement aurait pu au besoin y lever une armée de 40.000 soldats. Duclos, dans son *Voyage en Italie*, fait les mêmes remarques, et Dupaty, dans ses *Lettres*, parle, lui aussi, du nombre de la population, tellement excessive *que le pays ne peut pas la nourrir*.

Nous observons aujourd'hui les mêmes causes et les mêmes effets. Tandis que la moyenne de la population est pour toute l'Italie, de 118 habitants par kilomètre carré, nous avons, pour la province de Lucques, le chiffre de 228. Sur les 69 provinces du royaume, Lucques ne céde en densité de population qu'à celles de Naples, Livourne, Milan, Gênes,

raconté à des mouleurs encore vivants cette histoire inédite) le demande à son ami qui refuse net. Foscolo, saisissant alors un pistolet, fit semblant de se tuer. Sarti, pris de pitié, lui remit la somme demandée, qui tout naturellement ne lui fut jamais remboursée.

tandis que sur les 10.000 émigrants fournis par les huit provinces toscanes, Lucques en comptait à elle toute seule la moitié. Son émigration aux XIIIe et XIVe siècles était déjà très considérable (1).

Il n'existe guère sur cette population flottante que de vieilles traditions. L'histoire de leur métier comme celle de leur émigration attend encore un écrivain.

L'on peut supposer que l'art de travailler la craie a été importé à Lucques par quelques-uns des *Comacini* à la suite de Nicolô Pisano. Quant à l'antiquité de l'émigration des mouleurs, elle est attestée par les passeports des siècles derniers existant aux archives de l'État à Lucques. Il y a d'autre part une vieille plaisanterie populaire bien connue qui affirme que lorsque Christophe Colomb découvrit l'Amérique, il y rencontra un *stucchinajo* lucquois en train de vendre ses figurines. Dans un roman qui eut jadis un grand succès, la *Monaca di Monza*, suite aux *Promessi Sposi*, un des héros, Anguillotto, (et l'aventure se passe au XVIIe siècle) avait été mouleur.

L'histoire de cette émigration ne se dessine nettement qu'au commencement du siècle dernier, après les grandes guerres napoléoniennes. C'est à dater des premières années de la Restauration que le mouvement d'émigration italienne s'est vraiment accentué. La France étant encore en proie à l'agitation populaire, une grande partie des mouleurs lucquois ne

(1) Cfr. Salvatore Bongi et Telesforo Bini, *Dei Lucchesi a Venezia*.

faisait que la traverser pour se rendre à un abri plus sûr, en Angleterre. Et c'est de Londres que nous viennent les premiers souvenirs de ces petits Lucquois dont nous parle Thomas Smith dans ses livres *Cries of London* et *Etchings of remarkable beggars, itinerant traders*, etc., publiés vers 1820. Les petits Lucquois à cette époque ne se contentaient pas de colporter des plâtres, « cinquante kilos de célébrités sur la tête » mais, ainsi que nous le voyons dans les gravures de l'époque, ils vendaient des fleurs artificielles en papier et en soie, jouaient de l'orgue à manivelle et faisaient danser l'ours et les marionnettes.

En France, la gravure et la presse ne commencent à parler des mouleurs qu'après 1830. Nous les voyons d'abord avec cette planche classique, tenue en un élégant équilibre sur la tête et sur laquelle s'étalent les figurines que le mouvement grandissant des rues et les difficultés toujours croissantes de la circulation ont fait descendre ensuite dans le prosaïque mais sûr panier à bras.

A cette époque, comme à présent, l'émigration des mouleurs était réglée par le même système qui est en vigueur aujourd'hui, celui des *padroni* et des garçons, de l'exploiteur et de l'exploité.

Un entrepreneur recherche, parmi les familles les plus besogneuses, des garçons de douze à dix-sept ans, qu'il enrôle avec le consentement des parents ou du tuteur pour leur apprendre le métier de mouleur et les conduire à l'étranger. Il forme ainsi des « compagnies », dont le nombre des garçons varie selon l'importance de l'endroit où la troupe se dirige. Ces *compagnie*, généralement de 5 à 7 personnes, arrivent quelquefois à en compter même 10. Celles destinées à Paris ont été toujours, d'après les témoignages des vieux *stucchinaj*, parmi les plus nombreuses.

Il y a un contrat régulier de location de main-d'œuvre du garçon-mouleur entre les parents ou le tuteur d'une part et l'entrepreneur de l'autre. La durée de la location de cette main-d'œuvre varie de 25 à 30 mois, mais généralement le terme fixé entre les deux parties est de 3 ans et ce terme s'appelle « campagna », campagne, renouvelable à l'échéance. Pour les grands garçons ce terme varie. Ils restent absents de leur patrie généralement pour une période de 7 ans.

Les garçons constituent le gros de l'armée des mouleurs.

Ces petits Lucquois au corps mince et élégant, aux yeux noirs pétillants, sont en général des êtres doux, polis, honnêtes, laborieux et intelligents.

Les rapports de nos agents à l'étranger confirment les renseignements donnés sur leur compte par les autorités du pays.

Parmi les nombreux témoignages en leur faveur, nous nous bornons à citer ce qu'a écrit M. de Falco dans son rapport sur le projet de loi relatif à la défense d'employer des enfants dans les professions vagabondes. L'ancien garde des sceaux, après avoir condamné sévèrement l'émigration des mineurs italiens, fait une exception pour les petits mouleurs lucquois « qui se distinguent par leur politesse et par l'honnêteté de leurs mœurs (1) ».

« On nous affirme, ajoute-t-il, qu'aucune plainte n'a jamais été portée contre ces enfants qui rapatrient d'ordinaire avec le fruit honnête de leur travail. »

Cette tradition d'honnêteté est gardée religieusement par les jeunes *stucchinaj*, le souvenir de la patrie et l'amour du foyer y aidant.

Nous trouvons, il est vrai, plusieurs cas de petits mouleurs arrêtés pour *vagabondage*, mais il s'agit de garçons abandonnés ou qui se sont enfuis de chez leur maître, et nous n'avons même, dans ces conditions, aucun cas de vol.

De caractère doux et soumis, ils ne vaquent qu'à leurs affaires, évitant soigneusement, bien que braves et courageux, toute occasion de rixe.

A cette honnêteté et à cette douceur ils joignent, en véritables descendants des anciens *Ligures Apuani*, l'activité du travail et l'habitude de toute privation. L'*assuetumque malo Ligurem* de la Géorgique s'applique encore rigoureusement, malgré vingt siècles de distance, à ces jeunes gens. Un malheur qui les frappe ne les accable pas ; ils trouvent vite, dans leur intelligence, le remède. Si le commerce des statuettes ne marche pas, les mouleurs se vouent à

(1) 22 novembre 1872, p. 37.

n'importe quel métier. C'est ainsi que dans la morte saison nous les retrouvons, aussi bien en France qu'en Angleterre, sous le déguisement de limonadiers glaciers, tandis qu'en Allemagne ils vendent les oranges dans la rue, et au Brésil, notamment dans la province de Para, ils colportent des saints sculptés en bois, des quincailleries et des étoffes. A Paris, pendant les travaux préparatoires de l'Exposition, ils se sont faits en grande partie stucateurs.

Si l'intelligence est prompte, l'esprit est toujours vif, même quelquefois mordant, et le goût artistique très développé. Les observations de ces petits statuaires de la rue valent bien souvent plus qu'un chapitre de certains critiques d'art.

Mais outre leurs qualités historiques, cette émigration des *stucchinaj* apparaît très importante pour le nombre. Il s'agit, en effet, d'après les indications fournies par les préfets et par les agents consulaires, de plusieurs milliers de mouleurs qui émigrent chaque année. Sur ce chiffre, une toute petite minorité, qu'on calculait autre fois à 1/60 du total, mais qui a monté aujourd'hui à 1/40, représenterait l'émigration permanente, tandis que les 59/60 ou 39/40 respectifs devraient être attribués à l'émigration temporaire. Le mouleur lucquois, petit ou grand, souffre toujours de la nostalgie ; il emporte, comme tous les montagnards, sa patrie à la semelle de ses souliers.

Les données que nous avons recueillies nous permettent d'évaluer le chiffre des entrepreneurs adultes à 15 p. 100 de l'émigration totale, et celui des femmes à 4 p. 100 à peine.

Cet exode prend des proportions extraordinaires, car dans plusieurs communes il représente, d'après les calculs du professeur Fambrini, 30 p. 100 de la population totale et même davantage.

Dans la commune du Coreglia, sur 6.000 habitants il y en a 2.000 qui se rendent chaque année à l'étranger. Ajoutons que ce chiffre représentant seulement l'émigration temporaire ordinaire, le nombre des *stucchinaj* de Coreglia qui s'expatrient dans l'année est même supérieur à 33 p. 100 de toute la population.

L'engouement est le même dans les pays du nouveau recrutement. Citons parmi les villages de la *montagna pistoiese* la petite fraction de la commune d'Avaglio, de quelques centaines d'habitants, d'où, dans l'année 1899 (le professeur Robert Puccini a pu contrôler cette statistique sur les lieux) plus de 100 garçons étaient partis pour l'étranger comme *stucchinaj*.

Cette émigration se dirige un peu partout : la distance ne les effraie pas, car le bagage est léger et la fabrication des *stucchini* est partout bien facile. Déjà, il y a trente ans, seulement pour les États-Unis de l'Amérique du Nord, ils étaient portés, dans un rapport du consulat général italien à New-York, au chiffre de 1.800 ! Ce nombre s'est beaucoup augmenté depuis.

L'Amérique du Sud en accueille un contingent encore plus considérable que celle du Nord, surtout au Brésil et dans la République Argentine. Dans les vieux continents, nous les retrouvons même parmi les Indiens et les Chinois ! Quant à l'Europe, les rapports consulaires nous les donnent comme présents, en petites quantités, en Danemark, Suède, Roumanie, Russie, Espagne, Autriche. Mais les pays où les *stucchinaj* se dirigent de préférence sont la Belgique, l'Allemagne, l'Angleterre et la France.

*
* *

L'émigration des mouleurs, en France, est naturellement une des plus importantes. C'est le pays enchanté de leurs romans et de leurs poèmes chevaleresques, dont font aussi mention souvent les chansons populaires de la montagne lucquoise.

Nous pouvons calculer, sans aucune crainte d'exagération, que les *stucchinaj* demeurant sur le territoire de la République dépassent le chiffre de mille.

D'après les informations puisées à des sources officielles et privées, les départements qui en compteraient le plus grand nombre seraient ceux de la Seine (350), de Seine-et-Oise, de la Gironde, du Rhône, et des Bouches-du-Rhône (ensemble 400) (1), puis ceux du Nord, du Loiret, de la Lorraine, de la

(1) A Lyon les mouleurs forment la partie la plus considérable de la colonie italienne.

Loire, du Gard, de l'Isère, du Var, de la Saône-et-Loire, du Jura, et enfin ceux de la Haute-Loire, de l'Ain, des Vosges, du Puy-de-Dôme, de la Drôme, de la Côte-d'Or et des Basses-Alpes. Dans les Alpes-Maritimes les *stucchinaj* auraient été englobés avec les *stucateurs* italiens.

Le chiffre que nous donnons pour Paris (Seine) est le résultat d'une longue et minutieuse enquête que nous avons faite personnellement. Dans les seuls quartiers de Montrouge, de Saint-Antoine, de la Roquette, de Montparnasse et de Charonne nous avons compté 45 compagnies avec un minimum de 325 mouleurs en été. Les compagnies montent jusqu'à 60 dans la saison du printemps et le nombre des mouleurs augmente considérablement.

Ces compagnies de petits mouleurs sont amenées en France dans toutes les saisons de l'année, mais de préférence au printemps ou à l'automne, quand les travaux des champs sont terminés.

Le trajet du parcours italien ne présente aucune particularité. Tout marche régulièrement, l'entrepreneur sachant d'avance que nos autorités ne voient pas de trop bon œil ce genre d'émigration.

Mais l'odyssée de leurs malheurs commence bien vite, à la frontière, même avant leur arrivée à destination.

Typique est le cas de ce convoi de quatre garçonnets de Massa e Cozzile, âgés de 13 et 14 ans, amenés à Paris par un entrepreneur de Lucchio.

Arrivé à Modane, le *padrone*, en attendant le train omnibus, joua chez le marchand de vin tout l'argent qu'il avait sur lui.

La compagnie fut ainsi réduite à continuer à pied la route jusqu'à Chambéry, à 98 kilomètres de distance. Les garçons y arrivèrent exténués, après une marche forcée de deux jours et deux nuits, ayant reçu seulement quelques croûtes de pain pour toute nourriture. Fort heureusement le *padrone* trouva à Chambéry un collègue à qui emprunter l'argent nécessaire pour amener à destination sa petite caravane par le moyen, plus rapide, du chemin de fer.

Débarquées à Paris, les petites escadres sont dirigées sur les quartiers excentriques, dans les maisons frustes rongées par la pluie et le soleil où les entrepreneurs entassent leur cargaison vivante.

Les logis sont sales et dégoûtants. L'hygiène et la propreté y font naturellement défaut. Le seul problème que l'entrepreneur se pose et qu'il résout avec désinvolture est celui de mettre le plus grand nombre de pensionnaires dans le plus petit des espaces. Le système économique de la soupente est très usité. Rue de Charonne, on a pratiqué une de ces soupentes dans l'atelier de travail, et sur quelques mètres carrés de planches on a réussi à placer deux lits minuscules où couchent sept garçons. Les lits, du reste, sont toujours en propriété collective et ses occupants, si nous en croyons un récit fait à un de nos compatriotes par un petit Lucquois qu'il avait rencontré, arrivent même au chiffre de cinq pour un seul lit.

Mais en plus de l'espace et du nombre des lits, les entrepreneurs réalisent encore une grosse économie sur les draps.

On connaît le *truc* imaginé par un célèbre exploiteur d'enfants à Saint-Denis pour tromper la vigilance de l'autorité. Des draps assez propres s'étalaient pendant la journée sur les lits de petits verriers, et étaient soigneusement repliés le soir, quand il n'y avait plus lieu de craindre une visite de l'inspecteur.

C'est le même procédé qui est adopté pour les garçons mouleurs.

La question de la nourriture suit de tout près celle du logis.

D'après le système établi des *padroni*, ceux-ci sont tenus, en effet, non seulement de les loger et les habiller, mais aussi de les nourrir.

Il faut reconnaître, sous ce rapport, que la condition du garçon mouleur n'est pas comparable à celle du petit verrier affamé.

On leur donne le matin du café au lait et du pain; ce premier repas est appelé par eux *borlanda*. A midi, soupe de légumes et de pain et le soir, ragoût de pommes de terre au saindoux très poivré. Les entrepreneurs plus riches ou plus humains y ajoutent de temps en temps un petit morceau de viande. A Pâques et Noël, on leur donne généralement un verre de vin.

D'ailleurs, la charité privée régale très souvent les

petits mouleurs des restes de cuisine, bien supérieurs à la gamelle du *padrone*, et les quelques sous qu'ils peuvent gagner en vendant les statuettes au-dessus du minimum fixé par leur maître, passent chez le boulanger et le marchand de fritures.

Les garçons se lèvent de bonne heure. Celui qui rentre le soir avec le moins d'argent est désigné par le *padrone* pour se lever le premier, généralement à 5 heures en été, à 6 heures en hiver, et doit préparer le café pour tout le monde. Les autres se lèvent une heure après et commencent tout de suite à réparer le désordre de leurs statuettes qu'ils raclent et arrangent sous les yeux de l'entrepreneur. Les mouleurs destinés à la vente sortent à 9 heures avec la marchandise, placée dans deux paniers à bras. L'entrepreneur escorte ou fait escorter les novices pour les initier au métier en leur indiquant les bons endroits pour la vente, savoir les grands boulevards en été et les petites buvettes en hiver. Les garçons rentrent pour le dîner de midi et ressortent tout de suite après le repas jusqu'à l'heure du souper. Mais combien souvent, si la recette n'a pas été belle, ils prolongent leur vagabondage bien avant dans la nuit, n'osant pas affronter les mains vides la colère du patron (1) Accablés de fatigue, trat-

(1) « Ses doigts se crispent sur le plâtre ; — pour sûr le patron va le battre, — s'il n'a l'argent quotidien..... — Achetez-lui pour quinze sous, — monsieur, la Diane de Falguière ». Cfr. *le Marchand de statuettes*, de Mario Pezille.

nant péniblement leurs pas à la suite du passant attardé, ils succombent au sommeil sur un banc des boulevards, sous une porte cochère, n'importe où. Et quel triste réveil quand ils s'aperçoivent qu'ils ont été dévalisés de leurs statuettes par quelque rôdeur, ou lorsqu'ils constatent que la marchandise fragile a été réduite en débris par quelque vandale ! Heureusement à côté des voleurs et des iconoclastes, les mouleurs retrouvent des âmes pitoyables qui les dédommagent généralement du vol et de la casse; des femmes, surtout les malheureuses qui font le trottoir, sont toujours les premières à venir à leur aide, comme elles sont aussi les meilleures clientes des *stucchinaj*.

A leur rentrée le soir à la maison, le patron procède à l'interrogatoire et demande à chacun l'exact emploi de la journée et les comptes de la vente des figurines.

D'après le contrat, l'entrepreneur devrait donner de 8 à 10 francs par mois aux garçons pendant les trois premières années (première campagne), de 12 à 15 pour les trois dernières années (deuxième campagne) et de 18 à 25 pour les trois années suivantes (troisième campagne). Mais dans le contrat il y a aussi la clause que les objets cassés doivent être payés par les colporteurs et la casse absorbe souvent tout leur salaire. Il ne reste aux vendeurs que le droit, très problématique, de la *mosina* (1),

(1) L'origine de ce mot est inconnue. Dans le Dictionnaire de Du Cange (Giunte) on trouve enregistré « *Mosina* » *genus repositorii*,

savoir un droit de 10 sous sur chaque 10 francs d'objets vendus en plus de la limite fixée par le patron.

Quand ils sont tous couchés, l'entrepreneur inspecte rigoureusement, en geôlier sévère, les habits de ses jeunes prisonniers. S'il y trouve même un seul sou caché, que la pitié du passant peut avoir donné à l'enfant, celui-ci est réveillé et frappé sans merci.

*
* *

C'est ici que nous passons à la page la plus douloureuse de notre étude qui n'est qu'un triste chapitre de la traite des petits Italiens.

Nous ne craignons pas de nous répéter.

La *res sacra homini puer* n'est pour l'entrepreneur mouleur d'aujourd'hui qu'une phrase vide de sens. Nous ajoutons *d'aujourd'hui*, car autrefois, dans l'âge d'or de cette émigration lucquoise, les choses se

espèce de recoin. Le professeur Guido Mazzoni est d'avis que le mot provient du dialecte vénitien *musina*, tirelire. Peut-être *Mosina* n'est-il que la contraction du mot *elemosina*, aumône. On en a supposé aussi la dérivation de l'allemand *Münze*, monnaie, étant notoire que les émigrés italiens enrichissent avec facilité leur patois de mots d'origine étrangère, comme par exemple le mot *caniffo* pour couteau, mot remarqué par Arlia et qui désigne le petit instrument dont se servent les mouleurs pour racler les inégalités du plâtre sur les figurines en formation. La question de l'influence des langues étrangères dans la formation de nouveaux mots serait très intéressante à traiter. Cette nouvelle *langue verte* des émigrants italiens est déjà très riche. Le vice-consul italien M. Macchioro fait allusion à ce phénomène de linguistique dans une étude publiée dans la *Nuova Antologia* (1er décembre 1899) sur l'émigration italienne en Amérique.

passaient, paraît-il, très différemment. les entrepreneurs étant alors les parents des garçons ou les amis de la famille. Mais les temps et les mœurs sont changés, comme le prouve, d'après l'autorité du professeur Fambrini, la *désorientation* actuelle de l'ancienne émigration lucquoise vers les montagnes de Pistoie dont la cause doit se trouver dans les récits de leurs souffrances faits à leur retour par les jeunes Lucquois.

L'entrepreneur d'aujourd'hui n'est qu'un racoleur quelconque, comme l'entrepreneur verrier, qui prend la marchandise là où il la trouve et la cède sans difficulté à un de ses collègues. Les cas de cession de garçons sont assez nombreux et ni les parents ni les garçons ne sont consultés. Les abandons arrivent tous les jours, quand les affaires des patrons ne marchent pas et quand ils trouvent beaucoup plus économique le système de laisser la charge du rapatriement des enfants mineurs aux autorités italiennes résidant à l'étranger. Heureux les rapatriés, car les cruautés et les tourments dont les garçons mouleurs sont souvent les victimes entre les mains de leurs bourreaux dépassent toute imagination (1). Nous avons vu un petit Lucquois de Pariana, âgé de treize ans, ayant des plaies sur le crâne causées par les coups que lui donnait le patron avec des statuettes qu'il lui cassait

(1) Dans sa nouvelle « Il piccolo figurinajo italiano » Madame Simonetti Spinelli se plaît à nous peindre un entrepreneur doublé d'un père. Mais, pour être dans le vrai, l'auteur qui nous a donné ici l'exception, rentre dans la règle avec le tableau qu'elle nous trace de la femme du *padrone*, une véritable mégère.

sur la tête, quand la recette apportée par le pauvre enfant laissait à désirer. Et lorsque le jeune Chrysostome Mandoli parvint à s'enfuir et à se réfugier à l'ambassade, il avait la partie inférieure de l'oreille presque détachée, un dernier souvenir de la « paternité » de son maître. Un autre jeune mouleur de la commune de Massa e Cozzile, César Birindetti, quand il rentrait le soir avec peu d'argent, était battu, le corps nu, par le *padrone*, à l'aide d'une corde à nœuds. Le jeune Birindetti s'enfuit après avoir vagabondé pendant plusieurs jours dans Paris avec le produit des figurines de ses paniers, et fut rapatrié par l'autorité italienne.

Mais du reste les rapports officiels français ne laissent plus aucun doute sur ce point.

Les différentes préfectures reconnaissent que « l'existence de ces enfants est des plus misérables ; qu'ils vivent dans les conditions d'hygiène les plus défectueuses; qu'on exige d'eux une somme de travail considérable et hors de proportion avec leur âge et leur force ». — On a signalé en outre plusieurs cas de garçons obligés de coucher sur la paille et nourris exclusivement de pain. Malheureusement, on n'a pu relever dans la plupart des actes aucun fait précis de violence qui permît de déférer à la justice les entrepreneurs trop subtilement criminels.

Les coupables réussissent à se sauver et dans les filets tendus par la loi protectrice ne tombent, comme il arrive si souvent, que les jeunes mouleurs !

C'est le fait des contraventions auxquelles ils sont continuellement en butte de la part des agents. Le sequestre de la marchandise en est la conséquence et de ce sequestre les garçons sont rendus tout naturellement responsables par leurs maîtres.

Personne n'ignore que ce petit commerce populaire s'exerce sans aucun respect pour les droits d'auteur. C'est absolument la même chose que pour les morceaux de musique adaptés aux orgues de Barbarie et que la convention de Berne a refusé de considérer comme violation de la propriété artistique et littéraire.

L'art statuaire de nos mouleurs suit les fluctuations de la mode.

Au lieu de vendre des reproductions des statues anciennes, les *stucchinaj* débitent généralement en France les œuvres modernes de Falguière, Paul Dubois, Saint-Marceaux, Frémiet, etc., telles que le *Chanteur florentin*, la *Diane chasseresse*, les *Pêcheurs*, l'*Arlequin*, le *Faust et Marguerite*, etc., et dans ces derniers temps de recrudescence napoléonienne, l'Empereur.

Mais il y a eu beaucoup d'exagération dans les récits des profits réalisés à cet égard par les peu scrupuleux contrefacteurs. On est arrivé à écrire qu'à Reims, patrie de Saint-Marceaux, avec la reproduction du seul *Arlequin*, un mouleur italien avait gagné une cinquantaine de mille francs. Nous avons contrôlé cette information à Paris ainsi qu'à Reims et on nous a assuré que le renseignement est inexact pour le chiffre auquel, évidemment par erreur, on a ajouté quelques zéros.

Nous ne savons pas si cette tolérance a vraiment causé des dommages aux sculpteurs, mais il est hors de doute qu'ils se sont fort émus de ces prétendus gains en demandant au gouvernement d'être protégés contre les mouleurs.

C'est ainsi que le ministère a présenté le projet tendant à étendre aux œuvres de la sculpture l'application de la loi des 19-24 juillet 1793 sur la propriété artistique et littéraire (1).

Le nouveau projet de loi sera tôt ou tard voté par les Chambres. Quelles en seront les conséquences ?

Nul doute que le métier des mouleurs visé directement aura a en souffrir et que leur nombre ainsi que leurs profits diminueront sensiblement.

Mais cet humble art populaire, s'il est frappé dans la quantité, pourra prendre bientôt sa revanche dans la qualité de ses membres, en se réformant entièrement pour retourner à son ancien point de départ. Personne ne souhaite de voir disparaître des rues ces modestes vendeurs de Tanagra. Ils ont eu dans tous les temps une mission d'éducation artistique et ils

(1) Les sentiments des mouleurs au sujet de la nouvelle loi sont bien traduits dans la réponse suivante qu'un *stucchinajo* a faite à un rédacteur de l'*Echo de Paris* : « Tant pis pour Falguière. On lui faisait de la réclame. Quand la loi sera votée, nous vendrons des Michel-Ange. »

l'ont su bien remplir. M. Carina, cité par Giannini (1) a pu dire avec raison que la vente des *stucchini* a contribué dans une large mesure à la diffusion de l'art ». M. Fournel dans son livre : *Ce qu'on voit dans les rues de Paris* dit que « les marchands de statuettes en plâtre répandent et entretiennent dans le peuple le sentiment des arts (2) ».

Cette mission doit et peut encore se continuer. Il faut que l'art du mouleur se perfectionne par des études plus longues et plus sérieuses de dessin et de plastique, que les modèles soient mieux choisis et plus soigneusement exécutés et que, enfin libérés du joug ignoble du « padrone », les jeunes mouleurs s'unissent en corporation pour la défense de leurs intérêts communs, sans se faire la concurrence illogique d'aujourd'hui.

Le pittoresque statuaire du peuple aura ainsi toutes les chances de défendre victorieusement cette ancienne profession.

Laissons les sévères gardiens d'un trop haut idéal de la statuaire mépriser un métier uniquement parce qu'il met le luxe au rabais, et l'appeler dédaigneusement une espèce de prostitution de l'art, en récriminant, comme Huysmans, contre la pacotille qui dégoûte des originaux qu'elle simule.

Quant à nous, nous pensons que cette manifestation

(1) *Canti della Montagna Lucchese.*

(2) L'article de Fournel fourmille du reste d'erreurs et d'injures à l'adresse des *Piémontais parasites* exerçant ce métier !

primitive de l'art populaire est une des plus anciennes caractéristiques de la patrie classique de l'art. « L'Italie est de tous les pays, a écrit Eugène Müntz (1), celui qui a toujours maintenu avec le plus de jalousie le contact entre les artistes et le peuple. »

Pourquoi y renoncer ?

(1) Dans un article de la *Revue des Revues*, 15 mai 1899.

CHAPITRE IV

LES MUSICIENS NOMADES

Il y a un trait d'union fort puissant, une marque indélébile de fusion ethnologique et d'amalgame psychique entre les habitants des différentes provinces d'Italie. Ce *sacrum chrisma* c'est l'instinct musical.

On dirait que Dieu a créé un lien tout particulier pour l'unité nationale de l'Italie. Un lien fait de charme et de poésie, et dont la beauté éclate dans le rythme harmonieux de l'âme musicale du peuple. Si l'on a pu affirmer, en effet, de la France que l'esprit y court les rues, on peut soutenir qu'il en est de même pour la musique en Italie. La légende se joint à la poésie pour embellir cette vérité. Ne prétend-on pas que les oiseaux chantent plus longuement et plus doucement sous le beau ciel italien qu'ailleurs (1), que le vent même, lorsqu'il souffle en tem-

(1) On est arrivé à trouver même des chiens mélomanes en Italie !

pête, y paraît moduler sa rage et ses soupirs? N'a-t-on pas placé Circé et les Sirènes dans les eaux italiennes? Il est vrai que nous ne savons pas jusqu'à quel point la grande magicienne s'amuse encore aujourd'hui à augmenter par ses savantes métamorphoses les richesses porcines de nos étables. Nous ignorons également si les autres divinités enchanteresses se baignent de nos jours, comme au temps d'Ulysse, entre les rochers escarpés de Caprée. Tant de siècles nous séparent d'Homère qu'il se peut que ces virtuoses séduisantes soient mortes d'aphonie et de décrépitude. Quoi qu'il en soit, le vingtième siècle prouve, à l'encontre de la mythologie, que la musique, au lieu de dégrader et d'abrutir le peuple italien, réveille chez lui les qualités les plus nobles et les plus spirituelles, et que ce peuple, mélomane par excellence, est loin de se boucher les oreilles aux manifestations troublantes de l'harmonie (1).

*
* *

En présence de cette richesse de mélodie et de

Voir, dans *le Temps* du 7 avril 1903, l'article de A. Couteaux sous la rubrique : *Les champs et les bêtes*.

(1) Le conseil donné jadis à Ulysse a été répété, à propos de la musique italienne, molle, efféminée par un *clergyman* anglais le Rev. John Chetwode Eustace, qui, dans son livre fort érudit du reste, *A classical tour through Italy* (Paris, Baudry, 1837), met ses compatriotes en garde contre les dangers de la musique italienne « que Platon aurait proscrite en expulsant les exécutants de sa République ».

mélopée, quoi d'étonnant que, comme le pays agriculteur exporte ses denrées et le pays industriel les produits de ses usines, l'Italie ait essayé de transporter à l'étranger sa musique et ses musiciens ? Et n'est-il pas naturel, si l'on considère les rapports si étroits des deux pays et leur communauté de goût et de mœurs, que cet article ait réussi à franchir les Alpes pour envahir le marché français ?

Les relations musicales entre les deux grandes nations latines pourraient former une étude à part que nous n'avons pas la prétention de faire ici, étude curieuse autant qu'intéressante, qui permettrait de déterminer l'influence réciproque qu'elles ont exercée l'une sur l'autre, dans le vaste champ de l'harmonie.

Sans vouloir approfondir la question, et en l'effleurant à peine, comme n'ayant pour nous qu'un intérêt tout à fait indirect, il faut rappeler que l'Italie n'a pas eu toujours le beau rôle d'importateur.

Ce sens musical inné, que nous avons regardé comme partie intégrante de la personnalité italienne, paraît y avoir subi quelquefois, comme il arrive aux natures exubérantes et trop excitées, un assoupissement profond, et pendant cet état léthargique, la jouissance de l'héritage harmonique serait échue à la sœur cadette.

Car si l'Italie a été célébrée partout comme le pays par excellence non seulement de la musique, mais aussi de la poésie et des fleurs (Mercantini l'a bien résumé dans le vers célèbre de l'hymne garibaldien : *la terra dei fiori, dei suoni,dei carmi*), il faut avouer que les apparitions d'Euterpe y ont été plus intermittentes que celles de Flore et de Polymnie. On a pu écrire avec raison que « la musique est en Italie plus lente et moins assurée dans ses progrès que les autres arts (1) ». Il y a en effet plus loin du frère Gui d'Arezzo à Palestrina et Monteverde que de Cimabue à Titien et au Corrège.

Pendant que nous sommeillons au moyen âge, la France veille et les ménestrels et trouvères de la langue d'oïl et les troubadours de la langue d'oc descendent de l'autre versant des Alpes pour y faire valoir leur *gay scavoir*, tandis que les chanteurs picards peuplent les chapelles et les cours d'Italie (2).

Il faut attendre jusqu'à la moitié du seizième siècle pour que la grande dormeuse se réveille, et que l'exportation française en Italie cède la place à l'importation italienne en France. C'est vers cette époque que Montaigne est frappé de voir dans son voyage en Italie « les paysans un luth à la main ».

Mais nous n'entendons point rééditer ici les fastes glorieux de cet exode artistique italien en

(1) Cfr. *Curiosités et anecdotes italiennes* par M. Valery. Paris, Amyot, éd., 1842, c. XIII., p. 209.

(2) V. aussi l'étude de Birbaum sur les musiciens israélites à la cour de Mantoue. *Indische Musiker am Hofe von Mantua von* 1542-1620. Wien, 1893.

France. Il va durer trois siècles pour atteindre son point culminant au dix-septième siècle avec Lulli et au dix-neuxième avec Rossini et Bellini. Notre tâche est bien plus modeste. En laissant de côté les grands, dont on a déjà trop parlé, nous nous limiterons à suivre les faits et gestes des petits. Si l'influence exercée ici par l'art musical italien dans ses plus hautes manifestations est assez connue, il n'en est pas de même de sa plus simple expression, représentée par la musique de la rue et par ses humbles apôtres. Cette musique et ses interprètes modestes ont pourtant droit à leur place, eux aussi, car comme l'a dit si finement le poète du *Théâtre de l'âme*, le peuple est bien l'enfant qui sait des choses divines que les maîtres ont oubliées (1).

Il y a dans le gros livre de notre émigration en France une page presque ignorée et qui tente la curiosité de nos recherches. En essayant de retracer ici tout ce qui concerne l'action de ces champions nomades de la musique du peuple dans ce pays, nous ajoutons en même temps un nouveau chapitre à l'histoire des petits métiers exercés par les Italiens en France.

*
* *

Si le seizième siècle marque, comme nous venons de le voir, par la date du réveil de la musique ita-

(1) *La Roussalka* d'Edouard Schuré, p. 129.

lienne (de la musique proprement dite, au sens le plus élevé du mot), celle de l'exportation en France de nos chefs-d'œuvre et de nos virtuoses, nous pouvons retenir que c'est à peu près vers la même époque que commence l'exode, dans la même direction, de nos musiciens nomades et de leur modeste bagage musical. La bonne marchandise était évidemment destinée aux classes aisées et aux esprits cultivés : l'autre, plus médiocre et moins prétentieuse, qui était une adaptation, mais plus souvent une contrefaçon ou une dénaturation de la première, s'adressait à des consommateurs plus nombreux et plus faciles : le peuple. Souvent les deux catégories tendent à se fondre, les lignes de démarcation étant incertaines, et il arrive ainsi que les meilleurs artistes de la rue passent avec armes et bagages, comme Lulli et Rameau, dans la classe supérieure.

Les causes déterminantes du phénomène doivent se rechercher surtout dans la protection et la liberté dont jouissait, plus que n'importe où, l'exercice de la musique en France, et dans l'influence très puissante de deux souveraines d'origine italienne, Catherine et Marie de Médicis. Il faut faire aussi la part à un autre facteur d'ordre général, que nous avons déjà noté, à savoir la communauté des goûts et des mœurs des deux nations latines, facteur dont l'influence dans ce cas particulier n'a pas besoin d'être démontrée.

En limitant notre examen aux deux principaux

éléments constitutifs, on est frappé de la sévérité qui régissait l'exercice de la musique nomade dans la plupart des pays d'Europe.

Sans parler des statuts « diaboliques » d'Edouard II et de la reine Élisabeth, et des nouvelles mesures édictées dans plusieurs pays allemands, d'après la Réforme, rappelons, pour donner un exemple de la mélophobie de ces législations, la loi qui était alors en vigueur dans un des États les plus civilisés, la Suède. Ses dispositions si typiques méritent une mention particulière.

D'après cette loi, tous les musiciens ambulants étaient bannis du Royaume Scandinave : malheur à ceux qui n'obéissaient pas, car n'importe quel habitant pouvait impunément les tuer partout où on en rencontrait ! « Cet assassinat, dit Archenholz (1), était considéré comme une plaisanterie : le meurtrier était simplement tenu de donner à l'héritier du musicien occis *une paire de souliers neufs*, *une paire de gants et un veau de trois ans*. Et cette misérable indemnité était même à peu près illusoire, attendu que l'héritier n'y avait droit qu'après s'être soumis à une épreuve grotesque et décevante. On enduisait de graisse la queue du veau, qu'on menait sur le haut d'une colline ; l'héritier prenait cette queue dans ses mains, le meurtrier frappait ensuite le veau avec un fouet et le forçait à s'enfuir. Si l'héritier pouvait

(1) *Histoire de Gustave Vasa*, t. I, p. 113.

le retenir, l'animal lui appartenait ; mais si la queue glissait entre ses mains, il perdait ses droits et se trouvait exposé aux railleries des assistants ».

En France, au contraire, le régime le plus libéral favorisait la musique. « La liberté du chant », comme l'a dit avec raison Scribe, en étudiant ce phénomène à un autre point de vue, « y a précédé celle de la presse et l'a préparée ». Le mot de Claude Haton : « Il faisait bon vivre en France », était applicable surtout à nos musiciens nomades. Il n'est donc pas étonnant que, la lumière ne venant pas du nord, leur fidèle étoile ait guidé leurs pas vers ce plaisant pays à législation musicophile et à large hospitalité.

Cette hospitalité était d'autant plus sincère que non seulement les deux reines compatriotes leur entrouvraient les portes, mais que les invitations réitérées des deux monarques appelaient ici les Italiens. Les deux rois volages se faisaient pardonner leurs petites et grandes infidélités, en procurant à leurs épouses, par voie de compensation, toutes les distractions innocentes qu'elles avaient dans leur pays natal. Les reines pouvaient s'entourer librement de tous les gens de leur confiance, pourvu qu'elles fermassent les yeux sur les menus plaisirs d'Henri II et d'Henri IV (1)....

(1) Les deux reines ont favorisé aussi (le sujet est aujourd'hui d'actualité) l'émigration des prêtres et des congrégations italiennes. Rappelons que dans le procès contre le Maréchal d'Ancre on fit

*
* *

Les débuts de l'exode de nos musiciens ambulants en France sont assez ténébreux et se confondent avec ceux de presque tous les autres métiers nomades pratiqués par les Italiens.

Dans la première période, en effet, qui va jusqu'à la fin du dix-huitième siècle, les instrumentistes ambulants ne viennent presque jamais séparément. Ils ne jouissent pas d'une véritable personnalité ni d'une indépendance absolue. On les voit toujours timidement à la suite des autres catégories d'émigrants. Il faut étudier et examiner de près les différents embranchements de l'invasion nomade qui s'est déversée depuis si longtemps de l'Italie en France pour y découvrir nos petits héros.

Dans l'ordre chronologique, le premier corps de cette armée pacifique qui ait traversé les Alpes est peut-être celui de nos danseurs, danseurs de la cour et danseurs du peuple, naturellement en compagnie des musiciens. Catherine de Médicis, fanatique de la danse, aida beaucoup à introduire et à populariser ici les différents pas italiens, tels que la *bergamasque*, la *forlane*, la *gaillarde*, la *tarentelle*, la *sicilienne* et la *pavane*. Avec les danses entrent les ballades et les chansons italiennes, grâce encore à l'influence de

grand cas de l'invitation faite aux Barnabites et à d'autres religieux milanais.

la reine, à la demande de laquelle Malherbe même fit des vers sur l'air d'une chanson italienne (1), et le marquis de Brissac, qui avait, nous dit Brantôme, la meilleure bande de violons qui fût en Italie, envoya à la cour le célèbre Baltassarini, mieux connu sous le nom français, dont il s'affubla plus tard, de Beaujoyeulx (2).

Mais le grand essor de l'exode de nos musiciens ambulants a été fourni par les troupes théâtrales.

Depuis l'ère nouvelle de sa renaissance, l'Italie était très riche non seulement en pièces de théâtre, comme Machiavel, le Cardinal Bibbiena, Tasso, Guarini et Ruzzante peuvent en faire foi, mais aussi en troupes de comédiens de tout premier ordre, tels que Martino d'Amelia et Gian Manente. A la même époque, la France au contraire n'avait ni productions, ni acteurs.

Toutes ces troupes, composées d'une dizaine de comédiens et d'actrices *ayant part* et de quelques *gagistes*, amenaient avec elles un personnel plus ou moins nombreux de musiciens, auxquels on ajouta même plus tard l'abbé et le pyrotechnicien (3). Mais

(1) Cfr. *Malherbe et les musiciens* par Jules Carlez. Caen, 1882, p. 15

(2) C'est à Baltassarini qui, bien que musicien ambulant, était aussi un compositeur, que l'on doit le divertissement mêlé de musique et de danse, imprimé sous le titre de *Ballet comique de la Reyne fait aux nopces de M. le Duc de Joyeux et Mlle de Vaudemont, rempli de diverses reprises, mascarades, chansons de musique et autres gentillesses*. Paris, 1582. A ce *Ballet* contribuèrent aussi Beaulieu et Salmon.

(3) On ne manquait jamais de tirer un feu d'artifice à chaque

le personnage le plus important de la troupe était peut-être la chanteuse. Bien souvent, les comédiens étaient en même temps des musiciens, et lorsqu'ils ne jouaient pas, ils passaient à l'orchestre. La musique faisait aussi partie intégrante de toute pièce en prose. Les anciens chœurs, qui venaient sur le proscenium entre chaque acte, avaient été remplacés en Italie par la musique vocale et instrumentale qui faisait prendre patience aux spectateurs pendant les *intermezzi*. Cette particularité de l'entr'acte musical a demeuré, du reste, et demeure encore dans tous les théâtres italiens, ce qui faisait dire jadis, au président de Brosses, que « les Italiens ont le goût des spectacles plus qu'aucune autre nation ; et comme ils n'ont pas moins celui de la musique, ils ne séparent guère l'un de l'autre ». Ajoutons que ces « orchestres » n'étaient pas, comme aujourd'hui, attachés au théâtre, mais bien à la troupe.

*
* *

L'histoire de l'émigration de nos musiciens n'est donc, dans son origine, que celle des comédiens, dont la première apparition, en France, paraît remonter à l'année 1548

C'est à l'occasion des fêtes données à cette époque

ouverture de saison. Les Italiens ont eu pendant plusieurs siècles la primauté pyrotechnique non seulement en France, mais dans le monde entier.

par la ville de Lyon au roi Henri II et à sa femme, que les négociants florentins, qui y étaient établis, firent venir, à leurs frais, une troupe de comédiens italiens pour représenter, devant le roi et la reine, la « Cassandra » du Cardinal de Bibbiena.

En poursuivant, dans ses lignes principales, l'histoire de l'émigration de nos comédiens, nous trouvons que beaucoup de *compagnie* nomades italiennes réussissent à se frayer un passage en France pendant la régence de Catherine et les règnes de Charles IX et de Henri III. En 1576, les maîtres de la Passion firent fermer le théâtre de nos « comiques réunis ». Ceux-ci reparaissent toutefois, l'année suivante, sous la direction du célèbre Flaminio Scala qu'Henri III fit mander à Blois, puis à Paris où il arriva avec ses acteurs et musiciens, en février 1577, comme nous l'atteste Pierre d'Estoile, dans son Journal. « Ils commencèrent leurs comédies à l'hostel de Bourbon, où ils prenaient quatre sols de salaire par teste de tous les Français (*il y avait pour les Italiens peut-être des prix réduits* !) et il y avait tel concours que les quatre meilleurs prédicateurs de Paris n'en avaient pas tous ensemble autant quand ils preschoient. »

Mais les artistes italiens sont vite forcés de repasser les monts, après la remontrance adressée au Roi à l'occasion de l'ouverture des seconds États de Blois « que les jeux des étrangers italiens sont un grand mal qu'on avait tort de tolérer ».

Bien plus grande que l'influence de Catherine a été celle de la seconde Médicis pour ce qui concerne la protection accordée à cette catégorie de nos compatriotes. La reine Marie, outre son inclination naturelle, était poussée à faire patronner les artistes italiens par ses favoris, gens de basse extraction et de goûts simples, tels que Concini, Leonora Galigai, Delbene, etc. (1).

Le fils suit l'exemple de la mère, et, en 1639, Louis XIII fait venir d'Italie une troupe moitié chantante, moitié improvisatrice, qui, ayant fait de mauvaises affaires, fut aussitôt obligée de décamper.

C'est l'exode des chanteurs, après celui des comédiens ; l'émigration de nos musiciens va ainsi toujours en augmentant.

D'après le Diaire de Théodore Ameyden, cité par Ademollo (2), la première troupe complètement musicale serait venue quelques années plus tard : « Dès 1643, était commencée l'exportation pour la France d'artistes italiens » sous la protection du cardinal Mazarin. Il appela parmi d'autres artistes célèbres à Paris, la belle Léonora Baroni, chantée par Milton (*ad Leonoram Romae canentem*). C'est le même cardinal qui fit venir la troupe complète de chanteurs, de cantatrices, de danseuses et de musiciens, pour représenter le mélodrame de Jules Strozzi,

(1) Cfr. les Mémoires de Bassompierre, d'Estrées, de Sully, etc.
(2) V. *I primi fasti della musica italiana a Parigi*, Milano, 1884, p. 7.

la *Festa della finta pazza*. La première représentation de cette comédie lyrique, où les personnages parlaient, chantaient, dansaient et dont les intermèdes se composaient d'un ballet de singes et d'ours, au son de tambourins, d'une danse d'autruches et d'une entrée de perroquets, eut lieu, le 24 décembre 1645, dans la salle du petit Bourbon, en présence du jeune roi, du cardinal et de toute la cour.

Ces derniers détails nous révèlent un autre côté de l'émigration italienne en France, fort intéressant pour notre étude. En plus de ces chanteurs, danseurs et musiciens ambulants, nous voyons, en effet, apparaître, dès cette époque, une nouvelle catégorie de nos compatriotes, ayant eux aussi une sorte de rôle musical, mais d'un genre encore plus inférieur. Nous avons nommé les montreurs et dompteurs d'animaux. L'individu qui escortait les ours, les chiens savants, les singes ou les marmottes s'accompagnait infailliblement d'un instrument quelconque (1). C'est aussi vers la moitié du dix-septième siècle que nous voyons apparaître d'autres alliés de musiciens, sous la forme de *baladins*, de *matassins*, et de danseurs de corde (2),

(1) La France était un terrain propice à cette émigration. Déjà sous Louis IX, comme on le voit dans le *Livre des métiers* d'Etienne Boileau, dans les *Essais historiques* de Sainte-Foy et dans les *Curiosités de Paris* de Dulaure, on parle de l'usage des singes parmi les amusements publics.

(2) Les Italiens ont eu toujours un faible pour les exercices du tremplin et de la corde. On sait que les Romains préféraient les *funambuli* à leurs meilleurs spectacles. Térence lui-même l'éprouva à ses frais, lorsque, pendant la représentation d'une de ses pièces,

parmi lesquels les chroniques françaises rappellent encore le célèbre Grimaldi, dit Jambe de fer, Baratini, Zani, Gallina, Graziani, etc. Il est bon d'ajouter que souvent les baladins, grands jaseurs et beaux diseurs de balivernes, étaient employés par les charlatans pour attirer le public par leurs lazzi et leurs farces. Ils accompagnaient les nomades vendeurs de drogues aussi comme musiciens : les charlatans avaient un petit orchestre, les plus modestes se contentaient d'un soliste.

*
* *

Mais nous avons oublié, en parlant des chanteurs en chair et os, les petits artistes en bois, en carton et en plâtre, qui contribuèrent aussi beaucoup de leur côté à l'importation des musiciens ambulants italiens en France.

Il s'agit des marionnettes, une des formes les plus anciennes du théâtre (1) qu'on a appelées d'abord *burattini*, d'après le nom du célèbre comédien de la troupe Scala, Burattino, insurpassable dans la *commedia dell' arte* (2) ou comédie improvisée, auquel

un nouveau funambule ayant paru, attira tellement l'attention des spectateurs qu'ils ne pensèrent plus à autre chose. *Ita populus studio spectaculi cupidus in funambulo animam occupaverat.*

(1) L'on se rappelle le vers d'Horace : *Duceris ut nervis alienis mobile lignum*. Satires, Liv. II, 82.

(2) Ce genre qui n'existe plus en France, et qui n'y a jamais porté son nom propre, s'est appelé ici *comédie à l'impromptu, comédie im-*

genre appartenait tout le répertoire du théâtre des marionnettes. Les Italiens avaient commencé à divulguer en Europe ces *burattini*, principalement en Espagne, où Charles-Quint combla de faveurs Giovanni Torriani de Crémone, surnommé Gianello, célèbre constructeur de marionnettes (1).

Les *burattini* viennent de Florence à Paris en 1600, pour amuser la reine Marie. L'importance qu'on donnait à cette espèce de spectacles était doublée par le grand nombre de musiciens qui suivaient les *burattini*. Cette richesse du contingent musical s'est maintenue du reste encore aujourd'hui (2).

Notre immigration des marionnettes, limitée d'abord à la cour, prit tout de suite un grand développement, et, déjà en 1676, les *burattini*, ou *fantoc-*

provisée, comédie sur canevas. (V. *Masques et Bouffons*, par Maurice Sand, Paris, 1862, préface). Les grands acteurs italiens ne jouaient que ce genre bien supérieur à l'autre et aussi bien plus difficile. La *commedia sostenuta* ou comédie écrite, celle d'aujourd'hui, formait la partie la moins considérée du répertoire d'une bonne « compagnia ». En Italie les marionnettes adoptent encore la comédie improvisée, tandis qu'en France il y a à présent toute une littérature du *Petit Théâtre des marionnettes*, dont Maurice Bouchor est aujourd'hui la gloire.

(1) Les marionnettes italiennes se sont réfugiées maintenant en Amérique. Il y a plusieurs théâtres des *burattini* à New-York et Brooklyn. V. articles du *Century* (mars 1902) et de *Scribner's* (mars 1903). Là-bas aussi la musique joue un rôle très important.

(2) Dans ces troupes, l'orchestre est naturellement plus nombreux que les deux ou trois artistes chargés du jeu des marionnettes. Nous citons, pour donner un exemple, le spectacle donné, il n'y a pas longtemps, à Cannes, du « *grand ballet joué par les marionnettes de la troupe Zane, Lo Spirito Biribi* » sous la direction de M. Tamagnone. Il y avait un *sextuor* d'orchestre, dirigé par le maestro Cerruti.

cini, ou *pupazzi* italiens, s'établissent au Marais (1). En 1776 on les voit à la foire Saint-Ovide (2) et à Paris sur le boulevard du Temple (3). A la fin du dix-huitième siècle et au commencement du dix-neuvième siècle, les *troupes* sont remplacées par des individus jouant du fifre et du tambour, et faisant bouger avec le pied les petites marionnettes (4). Il s'agit généralement de jeunes garçons piémontais, savoisiens ou lombards. L'histoire de ces « marionnettistes » se mêle souvent à celle des montreurs de lanternes magiques provenant tous des mêmes régions.

*
* *

Mais tandis que les marionnettes italiennes cèdent peu à peu la place au *guignol* national (5), nos comé-

(1) V. *Histoire des marionnettes*, par Lemercier de Neuville, Paris, 1892, p. 20.

(2) *Idem.*, p. 10.

(3) Cfr. *Souvenirs* de Mme Vigée Le Brun. Paris, 1869, vol. I. p. 23. La grande artiste y allait souvent voir les *Fantoccini* de Carlo Perico.

« Ces *marionnettes* étaient si bien faites et leurs mouvements si naturels qu'elles faisaient parfois illusion. Ma fille, qui avait au plus six ans et que j'y menais avec moi, ne doutait pas d'abord que ces personnages ne fussent vivants. Quand je lui eus dit le contraire, je me rappelle que je la menai peu de jours après à la Comédie-Française où ma loge était assez éloignée du théâtre : « Et ceux-là, maman, me dit-elle, sont-ils vivants ? »

(4) V. dans la collection Hartmann le joli dessin publié dans le numéro 34 de l'ancien journal *le Bon genre*.

(5) Il est curieux de noter que sous le second Empire le « guignol » aux Champs-Elysées employait des petits joueurs italiens de harpe et violon. V. une petite esquisse coloriée de la même collection Hartmann.

diens et musiciens nomades gardent encore, sur une plus grande scène, leur popularité. Comme le disait élégamment Mme de Sévigné, c'était aux artistes italiens qu'était dû *l'hommage de la ville et de la cour*.

On dit et répète souvent avec amertume, ce qui forme le *leit motiv* des lamentations des artistes indigènes, que pour réussir en France, il y a une condition *sine qua non* : celle de n'être point du pays.

Ce qui n'est qu'une boutade au vingtième siècle, était, en partie, la vérité au dix-septième, bien que la grande vogue des artistes italiens, qui s'est continuée pendant le long règne de Louis XIV, n'ait pas empêché la création de troupes françaises fraternisant ensemble, comme en fait preuve l'ancien tableau qu'on voit à la Comédie dans le foyer des acteurs, sous le titre de *Farceurs français et italiens depuis soixante ans*. Peint en 1670.

La composition de ces troupes reste toujours la même et l'alliance étroite de la musique avec la comédie nous est démontrée une fois de plus par un document de la même époque : le frontispice de l'*Almanach historique* pour 1668, publié par Landry, représentant la réouverture du nouveau théâtre de la Comédie italienne. Nous trouvons ici nos danseurs sautant au milieu des comédiens. C'est à peu près de la même année qu'il faut dater les tableaux de Du Jardin figurant les comédiens ambulants italiens avec la vielle et le singe.

Nos musiciens sont mis en scène la même année par Molière dans la comédie-ballet *Monsieur de Pourceaugnac*. Il est intéressant de noter que ce fut un Italien célèbre, jadis joueur ambulant, qui créa le rôle d'un de ces musiciens, Lulli, lui-même ; il fit la musique du ballet, y dansa, y chanta et y joua du violon (1).

La fortune sourit à nos artistes jusqu'en l'année 1697, date néfaste de leur expulsion du royaume, pour outrage à Mme de Maintenon (2). Mais leur disgrâce ne dure pas longtemps, car en 1716, sous la régence de Philippe d'Orléans, la troupe italienne de Riccoboni, dit Lelio, revient en France et s'installe à l'ancien hôtel de Bourgogne.

Sous le long règne de Louis XV, l'émigration de ces musiciens s'accentue davantage. C'est l'époque où l'Italie regorge de musiciens, et à si bon marché, que Rousseau pouvait avoir chez lui, à Venise, pour

(1) V. M. Livet dans le *Moliériste* du 1er janvier 1880, p. 307.

(2) Voici comment Saint-Simon dans ses *Mémoires* (t. 1, pag. 427) raconte cet épisode si intéressant pour notre catégorie d'émigrants : « Le Roi chassa (en 1697) fort précipitamment toute la troupe des comédiens italiens et n'en voulut plus d'autre. Tant qu'ils n'avaient fait que se déborder en ordures sur leur théâtre et quelquefois en impiétés, on n'avait fait que rire ; mais ils s'avisèrent de jouer une pièce qui s'appelait *La Fausse Prude*, où Mme de Maintenon fut aisément reconnue. Tout le monde y courut : mais, après trois ou quatre représentations, qu'ils donnèrent de suite, parce que le gain les y engagea, ils eurent ordre de fermer leur théâtre et de vider le royaume en un mois. Cela fit grand bruit, et si ces comédiens y perdirent leur établissement par leur hardiesse et leur folie, celle qui les fit chasser n'y gagna pas, par la licence avec laquelle ce ridicule événement donna lieu d'en parler. »

un petit écu, quatre ou cinq symphonistes (1). Les acteurs du théâtre de prose disparaissent peu à peu, et les troupes nomades musicales sont renforcées d'un élément nouveau, le chanteur bouffe. Le même Rousseau, dans ses *Confessions*, nous décrit l'immense effet produit par la troupe des bouffons italiens qui débuta, en 1752, à la salle de l'Académie Royale de musique (2). Mais ces troupes qui deviennent parisiennes ne portent plus avec élles le petit orchestre ; c'est à peine si elles se donnent le luxe d'avoir leurs guitaristes pour chanter, le soir, à la belle étoile, les sérénades, comme nous le voyons dans les gravures de Baron, dans la sérénade italienne de Watteau et dans la composition élégante de Boucher *l'Amour au théâtre italien.*

Cette scène étrangère tend à se « galliciser » : on commence à traduire les *libretti* en français et à accepter même des *libretti* dans cette langue (3).

L'iconographie et la chronique nous montrent de temps en temps quelques rares virtuoses ambulants, parmi lesquels nous rappelons l'instrumentiste Punto, cité par Fétis, qui, pour attirer le public,

(1) *Confessions.* Partie II. Liv. VII.

(2) Le grand Génevois n'admettait que la musique italienne. « La musique italienne est la reine de toutes les musiques ». Il ne rendait pas justice au talent musical des Français lorsqu'il ajoutait que « la musique française n'est agréable qu'aux seuls Français ».

(3) C'est à Duni, le condisciple de Pergolesi au Conservatoire de Naples qu'on doit cette innovation. Duni vint à Paris, en 1757, et fit représenter « *Le peintre amoureux de son modèle,* musique italienne sur paroles françaises ».

faisait annoncer qu'il jouerait avec un *cor d'argent massif.*

Les joueurs jadis afférents aux troupes des chanteurs, chassés aujourd'hui des théâtres, se déversent dans les rues. Nous assistons alors à un premier essai des petits orchestres nomades composés de *ménétriers de rue italiens ayant leurs violons et des luronnes avec le triangle et le tambour de basque.*

De Nerciat, qui en parle dans un de ses livres érotiques écrits vers la fin du dix-huitième siècle, nous fait croire que ces bandes étaient retenues pour faire de la musique pendant le dîner. Les orchestres, dont nous parle l'auteur et qui avaient généralement le *cavalier* et le *bouffon*, étaient composés de personnes des deux sexes « bien peignées, en fracs pareils de la couleur à la mode, avec tout le reste de l'habillement d'un blanc fort propre... Ces Italiens chantent quand ils veulent avec goût et méthode, ont de jolies voix et les accompagnent avec précision d'airs qui valent bien la peine d'être écoutés ».

Mais cet essai, si toutefois il a jamais existé autre part que dans la fantaisie de l'auteur, ne paraît pas réussir; nous n'en avons trouvé aucune trace ailleurs. Les orchestres nomades se voyaient alors, il est vrai, en Italie, où De Nerciat vécut longtemps et où il a eu mainte occasion de les étudier, et de les rêver plus tard.

*
* *

Si l'alliance des musiciens avec les troupes des artistes nomades est finie, leur émigration continue d'une façon encore plus déguisée, avec d'autres confédérés.

Déjà, depuis un siècle, les Savoyards et les Piémontais descendaient de leurs montagnes en France y exercer les plus humbles métiers. Mais, bien que les sujets des ducs de Savoie se livrassent alors en grande majorité à l'exercice des professions de décrotteur et ramoneur, il n'est point douteux que la musique aussi avait parmi eux ses professionnels. Qui peut oublier le tableau de Greuze *l'Éducation du jeune Savoyard*, où sont peints d'une façon si charmante les soins que la mère se donne pour apprendre à son petit la façon de jouer de la vielle qui devra devenir son gagne-pain ? Nous avons, du reste, l'autorité de Mercier (1) qui parle de ces *Savoyards* « avec la vielle entre leurs bras qu'accompagnent d'une façon nasale ». L'auteur du *Tableau de Paris* nous fait aussi connaître que les *Savoyards*, qui promenaient la lanterne magique sur leur dos, l'annonçaient, le soir, « au moyen d'une orgue nocturne dont les sons deviennent plus agréables et plus touchants parmi le silence et les ténèbres ».

(1) *Tableau de Paris*, 1781, chapitre CCCXVIII.

L'allusion de Mercier à cette « orgue nocturne » nous fait penser qu'il s'agit déjà de cette machine infernale, mieux connue sous le nom d'*orgue de Barbarie*, dont la grande importance dans l'évolution de la musique de la rue et les horribles tortures infligées pendant un siècle entier à quatre générations méritent une mention spéciale.

*
* *

Le rôle de l'orgue de Barbarie dans la musique de la rue est en effet immense : si l'émigration de musiciens ambulants pouvait au dix-huitième siècle se représenter par le chiffre 1, on peut l'évaluer sans crainte à 100, après l'adoption de l'orgue à manivelle.

L'orthographe du Dictionnaire de l'Académie française, avec un B majuscule, semblerait imposer, d'après M. Alphonse Renaud (1) l'origine Barbarie. Selon son avis, bien qu'il n'en résulte pas que ces instruments aient été inventés dans les États barbaresques, on a pu les nommer ainsi, simplement parce qu'ils rappelaient, par leur singulière monotonie, la musique des Arabes d'Algérie et de Tunisie.

L'opinion de M. Renaud est aussi celle de Sir George Grove, une des plus grandes autorités musicales anglaises. Mais, comme nous avons déjà essayé de le prouver dans une étude antérieure (2) l'exis-

(1) *Intermédiaire des Chercheurs et Curieux*, n° du 30 mai 1902.

(2) Cfr. *I girovaghi italiani in Inghilterra e i suonatori ambulanti.* Lapi. Ed. Città di Castello, 1893, p. 24-27.

tence d'un Barberi, fabricant de Modène qui donna à ces orgues un nouvel essor, ne peut plus faire aucun doute (1). Les dictionnaires de Larousse, Littré, Jacquot, les ouvrages plus spéciaux de Weckerlin et Rambosson et enfin l'admirable *Nomocheliurgografia antica e moderna* du Comte Louis Valdrighi, modenais (qui donne une liste de 3.990 fabricants d'instruments harmoniques), partagent cet avis.

Mais si Barberi a attaché son nom à l'instrument, il n'est pas dit qu'il en soit l'inventeur. Comme pour le nom donné au nouveau monde, Améric Vespuce a profité d'une découverte qu'il n'a pas faite, l'obscur fabricant de Modène a réussi à débaptiser, en lui donnant son nom, ce qu'on appelait avant sa naissance *orgue d'Allemagne*, dénomination qui prouverait que cet instrument antimusical fut inventé dans la patrie de Wagner (2). Les extrêmes se touchent.

(1) L'Italie reste encore le pays où l'on fabrique le plus grand nombre d'orgues de Barbarie et de « armonici ». La maison Soprani de Castelfidardo, qui emploie plus de 500 ouvriers, en lance chaque mois 1.200 sur le marché !

(2) On lit dans le Dictionnaire de Furetière, à la date de 1690 : « On fait en Allemagne de petits cabinets d'orgues, qui jouent un certain nombre d'airs sans qu'on les touche, ni qu'on sache toucher l'orgue mais seulement en tournant une manivelle, de même qu'à la vielle. » Le Dictionnaire de Trévoux, cité par Renaud, reproduit ces indications : *les textes manuscrits des collections du Progrès* de la Bibliothèque de l'Arsenal mentionnent, dans une liste de dessins digne d'attention, au point de vue de l'histoire du progrès (M. 260-23) *l'orgue de Barbarie ou plutôt d'Allemagne*. P. Lacroix, *Dix-huitième siècle*, Institutions, p. 342.

L'iconographie nous montre *Lorgue* (sic) de *Barbarie ou plus tôt d'Allemagne* dans le *Cri de Paris* de Bouchardon, première série de l'année 1737. Cette estampe représente une femme portant sur le dos une lanterne magique et qui joue de l'orgue. Datent à peu près de la même époque les compositions d'Auguste Saint-Aubin et de Poisson.

*
* *

Mais le bon goût qui caractérise le siècle du Grand Roi et celui de ses deux successeurs ne permet pas que le développement de l'émigration italienne se fasse à l'aide de l'orgue de Barbarie, instrument qui, jusqu'à la fin du dix-huitième siècle, ne paraît pas ici trop popularisé. Les musiciens nomades italiens, sous le règne des trois Louis et sous le régime de la grande Révolution, sont encore, à peu d'exceptions près, les pauvres virtuoses de jadis jouant d'autres instruments qui demandent quelques connaissances musicales.

C'est seulement au commencement du dix-neuvième siècle, que nous nous trouvons en présence de la horde barbare des joueurs d'orgue, venant d'Italie en France. Immense peuplade errante, armée de l'orgue à manivelle, elle pénètre partout, en demeurant, pendant près d'un siècle, le représentant attitré de notre peuple à l'étranger. La bonne renommée de l'Italie en a cruellement souffert et l'on comprend aisément les cris de protestation poussés par nos émigrés, comme Mazzini, Gallenga, Ruffini, Panizzi, Ugoni et Cerqua, devant l'écœurant spectacle qui faisait en même temps le jeu des ennemis de l'unité italienne.

Notre joueur d'orgue conquiert rapidement les cinq parties du monde. On peut dire de lui au vingtième siècle, en empruntant les vers de Metastasio : *Dimmi dov'ei non è.*

La presse et les rapports des gouvernements le signalaient partout jusqu'en ces derniers temps et dans des proportions écrasantes vis-à-vis des autres catégories de notre émigration. Il nous suffit de citer, pour en donner un exemple récent, la situation de la colonie, il y a à peine quinze ans, à Batavia, dans les Indes Néerlandaises. (1) Cette colonie de 30 personnes était formée presque exclusivement de joueurs d'orgue de Barbarie. Nous ne parlons ni de l'Angleterre, ni de l'Amérique, où on les comptait par milliers (2) !

Si nous rappelons d'un côté, dans un esprit d'indépendance historique, ces détails si douloureux de notre émigration, nous devons constater de l'autre, dans un élan de légitime orgueil patriotique, que cet état de choses a bien changé. Quel chemin par-

(1) V. rapport de notre Consul à Batavia, daté du mois de février 1892, publié dans *Emigrazione e Colonie*, 1893, p. 387.

(2) Dans la seule ville de New-York il y avait en 1870, 1500 petits joueurs d'orgue italiens.

couru dans les quarante dernières années! Combien ont aujourd'hui raison Bolton King et Thomas Okey de combattre tous les préjugés existant encore dans les pays anglo-saxons contre le nôtre, et Novikoff de chanter dans des pages enthousiastes les gloires de la troisième Italie, de même que Lopez (encore un étranger) de proclamer hautement que « sa résurrection est un phénomène unique dans l'histoire » (1).

C'est l'émigration surtout, radicalement modifiée, qui est l'indice le plus sûr de cette résurrection.

Si nous ne pouvons encore entonner le *De profundis* et le *Requiem* sur nos joueurs d'orgue de Barbarie, nous pouvons déjà réciter les prières des agonisants. En France, où ils étaient jadis si nombreux, ces musiciens ambulants forment aujourd'hui, comme nous le verrons dans la suite, une partie insignifiante de notre colonie; en Angleterre, les *organgrinders* italiens qui arrivaient, en 1891, au total imposant de 2.600 (2), n'atteignent pas à présent le quart de ce chiffre, et même en Amérique, leur dernier refuge, « on note une diminution dans le nombre des joueurs d'orgue de Barbarie qui ont tant discrédité l'émigration italienne : les exhibiteurs de singes ont aussi presque entièrement disparu (3) ».

(1) Cfr. *Moral Politica y simbolismo social*, par le docteur D. José Francisco Lopez. Paris, Garnier frères, 1903, pag. 42.

(2) La statistique détaillée de cette armée musicale a été publiée par nous dans l'ouvrage cité plus haut *I girovaghi italiani in Inghilterra.*

(3) V. le rapport du Comte Pratt, gérant du Consulat Général

Mais il est temps de clore cette longue digression pour revenir à l'histoire de l'apparition en France de nos joueurs d'orgue.

*
* *

C'est donc, sous le premier Empire, que nous trouvons d'abord les traces de la présence de nos héros, bien que cette nouvelle classe d'émigrants ne fasse son entrée en masse qu'après l'épopée napoléonienne.

La grande misère dont souffrait l'Italie, théâtre de tant de guerres, les richesses des autres pays décrites à leurs compatriotes par les soldats rentrés au foyer, les facilités données par les Gouvernements italiens dans le but de se débarrasser du trop plein d'une population turbulente favorisaient cet exode. Parmi les différentes professions nomades, la musique de la rue devait naturellement venir en tête, ce métier étant le plus facile et le moins fatigant.

L'émigration de joueurs d'orgue de Barbarie est tout de suite caractérisée par un fait nouveau, par un honteux trafic qui ajoute à la marque de fainéantise celle de l'inhumanité. C'est la plaie douloureuse de l'exploitation de l'enfance. Le silence coupable qui favorisa d'abord ce trafic ne fut rompu qu'en 1867 par l'éloquent appel de la Société de bienfaisance italienne à Paris, auquel répondirent, en Italie Guer-

d'Italie à New-York, octobre 1901. Ce document a été publié dans le n. 2 du *Bollettino dell'emigrazione*, 1902, page 24.

zoni, et en France le noble écrivain qui, en approfondissant tous les problèmes de la misère à Paris, ne pouvait fermer les yeux sur l'exploitation des petits Italiens.

Il est vrai qu'à ce même embauchage de garçons se livraient depuis longtemps les entrepreneurs « savoyards » autant pour les ramoneurs et décrotteurs que pour les montreurs de marmottes et les petits musiciens; mais nos montagnards, en comparaison de leurs collègues de la Basilicate, auraient pu passer en général pour les péres des enfants! La nouvelle émigration se distinguait aussi par les femmes et par les fillettes, qui étaient très recherchées par les trafiquants, parce qu'elles attiraient mieux la pitié des passants.

Nous n'entendons point rééditer ici tous les détails navrants de cette longue et douloureuse histoire! Ce que nous avons écrit sur l'exploitation des petits verriers et mouleurs peut s'appliquer entièrement aux misérables et frêles créatures embauchées pour jouer de l'orgue. Ces enfants étaient dressés avant tout à l'art de demander l'aumône; la mendicité était pour les patrons une source de produit beaucoup plus lucrative que l'orgue. On tirait le plus indigne parti de la miséricorde qui est au fond de l'âme humaine, et si la mendicité restait improductive, le vol permettait à ces malheureux de résoudre le problème et d'apaiser leurs maîtres.

Dès le 18 septembre 1824, une décision prise par

M. de Corbière, alors ministre de l'Intérieur, autorisait à reconduire à la frontière ceux de ces petits mendiants, arrêtés en récidive. Une ordonnance du préfet de police, datée du 21 septembre 1828, leur enjoint d'avoir dans l'espace d'un mois quitté le territoire français, sous peine d'y être contraints par toutes voies de droit. Le principe que la musique n'est qu'un prétexte à leur vagabondage et à leur mendicité est confirmé par un arrêt de condamnation rendu par le tribunal correctionnel, le 22 juin 1837, contre Vincent Brigi, âgé de 15 ans, et Luigi Gozzolo, âgé de 12 ans, tous deux natifs de Parme. Dans ce document, on lit que « les animaux et les instruments qui sont confiés à ces enfants ne constituent point l'exercice d'une profession et ne sont qu'un moyen de dissimuler la mendicité qu'ils exercent ».

A l'exemple de ce qu'on fait en France pour arrêter cette immigration, les États italiens d'où elle provient, émus de tant de scandales et d'abus constatés, interviennent à leur tour en cherchant à y porter remède. C'est un long chapitre tout rempli de bonnes intentions mais d'inutiles efforts. Le problème paraît jusqu'à ces derniers temps insoluble, « cette sorte de mendicité étant douée d'une si grande force d'inertie et de tant d'habileté, de tant de persistance à lasser le public, la police, les tribunaux et la diplomatie! » (*Maxime Du Camp*).

*
* *

La rue appartenait désormais en France au joueur d'orgue italien qui « pour moudre ses airs », se moquait des ordonnances de police et des protestations du public et de la presse. Il se sentait le plus fort.

Des pétitions revêtues de nombreuses signatures, adressées en 1840 au préfet de police pour qu'il exilât de la capitale ces instrumentistes nomades, sont repoussées, parce que, comme le commentait ironiquement un brillant écrivain de l'époque, « il faut que tout le monde vive, même ceux qui font mourir d'impatience toute une population (1) ».

Deux années plus tard, dans la *Physiologie du musicien*, Albert Cler constate que « toute l'harmonie du pavé est aujourd'hui absorbée par les orgues dites de Barbarie (barbarie est bien le mot) (2), véritable attentat au respect de la vie et des oreilles privées ». Nous cédons à la tentation de citer, pour donner un exemple de l'état d'exaspération de nos grands-pères à cause de ces maudits instruments, toute la diatribe amère et violente du même écrivain contre les joueurs d'orgue : « C'est le seul des sabbats de voirie qui ne laisse pas de trêve. Les autres

(1) V. *Paris Gagne-Petit* par les auteurs des Mémoires de Bilboquet, p. 40 et 41.

(2) Page 119. D'après M. Cler « cette espèce d'orgue a été inventée au commencement de l'Empire, sous Napoléon; nous ne craignons pas de dire que c'est là une des plus grandes erreurs de son règne ».

tapages qui assourdissent la rue, tels que les roulements des voitures, des fiacres, des omnibus, les cris des porteurs d'eau, les aboiements des chiens, etc., ne sont qu'accidentels et passent avec des intervalles intermittents ; l'émeute et la fusillade ne durent qu'un temps : mais l'orgue de Barbarie est de tous les jours, de toutes les heures, de tous les moments et avec la permission de l'autorité ! C'est par trop fort ! Nous ne connaissons pas de loi qui autorise la condamnation aux orgues forcées à perpétuité (1). »

Cet état de choses dure pendant plusieurs années et les protestations continuent de plus belle contre nos « musiciens ». Signalons entre autres celle de Stephane Comte maudissant les États Sardes et l'Italie « nous vomissant leurs montreurs de marmottes, de rats blancs, leurs joueurs d'orgue éternels, l'effroi des habitants, martyrs ne pouvant même obtenir grâce s'ils ont malheureusement quelques-uns des leurs malades et parfois à l'agonie (2) ». Ces imprécations paraissent avoir un écho de l'autre côté de la Manche, ou Babbage et Leech lancent leurs formidables philippiques contre les *organgrinders*. Il faut avoir l'âme poétique de Lamartine pour découvrir dans l'horrible bruit de l'orgue « un augure de félicité (3) » !

(1) V. *Physiologie du musicien*, par Albert Cler, pages 122-124.

(2) Cfr. *Les Saltimbanques jugés, ou considérations sur l'influence pernicieuse exercée par les charlatans saltimbanques et chanteurs ambulants sur les mœurs sociales*, Grenoble, 1854, p. 52.

(3) *Lamartine par lui-même*, p. 203, Paris, 1892.

*
* *

On ne doit pourtant pas croire que l'orgue de Barbarie ait supplanté tous les autres instruments afférents à la musique de la rue. La facilité de s'assurer un gagne-pain par la musique avait amené les nombreux membres de la vaste association de nos nomades à se servir de n'importe quel instrument, pourvu qu'il fût assourdissant. Le bruit était à l'ordre du jour. En plus des joueurs italiens de musette, que nous voyons dès 1834, dans un tableau de Jeanron exposé au Salon de la même année, l'on constate la présence des ramoneurs qui, devenant musiciens à temps perdu, s'arment d'une vielle ou d'une serinette, « grinçant ces éternels refrains auxquels on s'efforce de se soustraire en jetant quelque monnaie à l'exécutant (1) ». Quelques années plus tard, nos joueurs se présentent souvent « bardés de harpes en bois peint et de violons aigres (2) ». On rencontre aussi dans les foires les hommes-orchestres qui portaient un chapeau chinois sur la tête, une flûte de Pan aux lèvres, des sonnettes aux genoux, des cymbales entre les jambes, une grosse caisse sur le ventre ou derrière les épaules et un triangle nous ne savons plus où (3).

(1) V. *Paris Gagne-Petit* déjà cité p. 36.

(2) Cfr. *Les Industriels du macadam* par Elie Frebault. Paris, 1868, page 35.

(3) Ces musiciens aux instruments de percussion se sont réfugiés

Mais la catégorie la plus importante et qui réussit même, entre 1859 et 1868, à devancer les joueurs d'orgue de Barbarie, est celle des *pifferari* (1), déjà populaires en France par les célèbres tableaux de Léopold Robert et de Gérome. Ils portaient leur costume national de la Campagne romaine et des Abbruzes, justaucorps en peau de mouton, des jambières en poil de bique, un grand manteau de laine brune et un haut chapeau pointu à rubans fanés. Les *pifferari* provenaient exclusivement du royaume des Deux-Siciles et des États de l'Église : ils étaient escortés de leurs femmes et de leurs enfants qui, s'ils ne jouaient pas de la harpe ou du violon, exécutaient des danses dans les cours des maisons, au son de la cornemuse criarde de leur mari ou de leur père. Les femmes des *pifferari* exerçaient aussi généralement le métier de modèle, ajoutant ainsi, comme le disait un chroniqueur spirituel, une corde de plus à leur harpe. C'est par ces méridionaux que commence la véritable immigration de la *voix humaine*, comme on le dit dans l'argot du métier, et les diseurs de chansonnettes napolitaines viennent faire concurrence aux chanteurs de rue parisiens et alsaciens.

Les *pifferari*, à l'instar des joueurs d'orgue de

en grande partie en Algérie. Le docteur Louis Régis nous fait observer qu'on les trouve principalement dans la province de Constantine.

(1) Les *pifferari* se servaient d'abord du *piffero*, fifre, qu'ils abandonnèrent bientôt pour la musette et la cornemuse.

Barbarie, exploitaient de toute façon l'enfance, en enrôlant des recrues dont l'âge variait de cinq à douze ans. Au moment de l'Exposition de 1867, ces petits n'étaient guère, à Paris seulement, moins d'un millier. Si la gravure nous montre quelquefois, en les ceignant d'une auréole poétique, les *padroni pifferari* donnant religieusement l'aubade à des Madones, elle nous dévoile bien plus souvent les douloureuses stations de la *via crucis* de ces pauvres enfants. Sans parler de la façon ignominieuse dont on les habillait et qui faisait dire, dans le *Charivari*, à la bonne bourgeoise montrant à sa voisine ces petits joueurs en loques : « C'est donc ça qu'on dit toujours que la musique italienne, c'est toutes vieilles pièces », nous n'avons qu'à ouvrir les journaux illustrés de l'époque pour voir ces pauvres petits entassés comme des bêtes dans un malsain taudis, ou bien tombés, à demi morts de faim, de froid et de fatigue, dans la rue (1).

*
* *

Presque toute cette émigration de musiciens se déversait sur Paris, et plus précisément dans le quartier du Jardin des Plantes. La place Maubert et la rue Linné n'étaient, sous le deuxième empire, qu'un petit village italien perdu dans la capitale. Le principal endroit où l'on retrouvait nos chanteurs et

(1) Cfr. le très riche recueil de gravures de M. Hartmann, que ce distingué collectionneur a mis si gracieusement à notre disposition.

musiciens était le *Chalet*, sur le boulevard Saint-Michel, presque en face de la rue du Val-de-Grâce (1), rendez-vous de la jeunesse universitaire.

On venait surtout au Chalet pour entendre les petits Italiens qui jouaient de la harpe, de la cornemuse, du violon et chantaient « les chansons patriotiques mêlées aux plus obscènes couplets (2) ».

Les chansons patriotiques formaient la partie la plus importante du répertoire et la chronique rappelle que, pendant le siège de Paris en 1870-71, les *piffe-rari* faisaient fureur en jouant le *Mourir pour la Patrie* (3).

L'état de choses que nous avons relaté ne souffre aucune modification pendant le second empire et les quatre premières années de la troisième République, nonobstant les arrêts des préfets de police interdisant expressément pour les joueurs d'orgue, musiciens et chanteurs ambulants, l'emploi des enfants *âgés de moins de seize ans* ! La loi de 1874, faite à l'imitation de la nôtre, de l'année précédente, pour la protection des enfants, change finalement la situation, par la rigoureuse application qui lui fut donnée,

(1) Ce *Chalet*, aujourd'hui disparu, se trouvait sur une partie de l'emplacement du jardin du Luxembourg presque en face de la rue du Val-de-Grâce. Gambetta, quand il fréquentait l'Ecole de droit, y allait très souvent.

(2) V. rapport de la Société italienne de bienfaisance de Paris, année 1867.

(3) V. lettre de M. Caponi, correspondance envoyée par ballon monté à la *Perseveranza*, 2 décembre 1870.

et les joueurs d'orgue et les *pifferari* rentrent en grand nombre en Italie ou passent en Angleterre et en Amérique. Nous trouvons à ce sujet, dans l'intéressante histoire de *Paris de* 1800 *à* 1900, de Charles Simond, un dessin de Kauffman représentant *le départ des pifferari à la gare de Lyon en* 1874. Mais une partie de la colonie musicienne réussit à échapper aux rigueurs de la loi. Nous en voyons reparaître quelques années plus tard les patients champions, contre lesquels part de nouveau en guerre toute la presse. Jean Richepin, dans ses *Chroniques du jour* parues en 1882 dans le *Gil Blas*, a des paroles amères (nous devrions dire plutôt injurieuses) contre nos joueurs. Les Italiens de Paris, par un sentiment bien naturel de dignité, apportent dans la lutte la même chaleur, et leur langage ne le cède point à celui de leurs hôtes. C'est avec un sentiment de tristesse, Villarena le constate en 1886, en étudiant les conditions de la colonie italienne de Paris, que lorsqu'on rencontre un joueur de harpe ou d'orgue mal habillé, « on peut affirmer sans crainte d'erreur, qu'il est Italien (1) ».

Mais la loi de 1874, aidée par la grande concurrence que la musique indigène populaire et celle des *tziganes* commence à faire à l'italienne, avait certainement produit des effets salutaires. On est bien loin de la statistique presque invraisemblable donnée

(1) Dans le *Filotecnico* de Turin, juin-juillet 1886, p. 314.

par Petruccelli della Gattina, en 1867 (1) quand les éléments nomades représentaient les 2/3 de toute l'émigration italienne ! On ne compte à Paris, en 1889, d'après MM. Victor Ponchon et Charles de Sivry, que deux mille musiciens ambulants, les Français compris, et les Français sont en majorité.

L'assassinat du Président Carnot porte le dernier coup à nos joueurs. On ne voit dans ces nomades que des complices dangereux de Caserio et l'hostilité générale de la population, jointe aux mesures prises par l'autorité, les obligent à quitter la France. Le sentiment de la colonie italienne est bien interprété alors par M. Caponi (2) qui écrivait que « à part la manière dont on les avait traités, leur départ de la France a été un bonheur pour le nom italien, car il n'était pas possible de voir cette mendicité musicale sans ressentir un serrement patriotique au cœur ».

* * *

Dans ces dernières années, les rapports des deux pays étant devenus plus intimes, une petite quantité de joueurs d'orgue de Barbarie a essayé de reconquérir l'ancien marché français.

Il est curieux de noter qu'ils ont été aidés indirec-

(1) *Paris-Guide*. V. II. p. 1058.
(2) V. le journal *la Tribuna*, n° 225 du 26 août 1894.

tement dans cette tentative par l'École de la Salpêtrière.

Conformément à ce qu'avait proclamé le grand Charcot, le professeur Richard considère ces musiciens ambulants comme de précieux alliés de la psychiatrie, par le fait de la distraction et du soulagement qu'ils donnent aux personnes atteintes d'éclipse de la raison. On a publié, même dernièrement une délicate poésie ayant pour titre *l'Orgue de Barbarie* par Gaston Bonnesson pour célébrer l'instrument guérissant miraculeusement par ses harmonies un enfant moribond.

Les joueurs d'orgue existant actuellement en France ne dépassent pas le chiffre de deux cent cinquante à trois cents, dont un quart à Paris. Les statistiques de la police relèvent à peine une douzaine d'arrestations par an pour cette catégorie, qui en fournissait autrefois une moyenne de 700 : dans l'année de l'Exposition, en 1867, on n'en arrêta pas moins de 1544 (1).

Dans les départements, nos joueurs d'orgue ne sont pas nombreux. Mais si les grandes villes comme Marseille, Lyon, Bordeaux ont réussi à s'en débarrasser complètement, on signale aujourd'hui leur retour offensif, et pas toujours en petites proportions. Notre Consul général à Lyon a dû dernière-

(1) V. Rapport de M. Eugène Tallon sur la proposition de loi ayant pour objet la protection des enfants employés dans les professions ambulantes, annexe n° 2259, séance du 4 mars 1874.

ment attirer l'attention du parquet sur l'exploitation qu'une dizaine de patrons (*padroni*) napolitains faisaient, dans la ville et dans les faubourgs, des pauvres enfants qu'on envoyait vagabonder avec l'orgue de Barbarie. Ils demeuraient comme les tziganes dans des roulottes aux portes de Lyon.

Paris ne reste plus la ville sainte où les *padroni* viennent *ad limina*; elle n'est plus comme autrefois le grand marché d'approvisionnement et le port de transit par excellence pour la pauvre marchandise humaine qu'on expédiait en Angleterre et en Amérique (1). Cette primauté si les informations que nous donne le docteur Rossi, sont exactes, serait aujourd'hui dévolue au chef-lieu des Bouches-du-Rhône, où l'on compterait 180 joueurs d'orgue de Barbarie.

A côté de ceux-ci, nous retrouvons une centaine de joueurs de harpe et de violon, disséminés dans toute la France, mais dont la majorité est à Paris et à Marseille. C'est encore dans la capitale que nous rencontrons de rares représentants des anciens *pifferari* jouant de la musette dans les bals populaires. Nous citerons, parmi les autres établissements, celui bien connu d'Octobre.

(1) L'émigration de nos petits joueurs d'orgue en Amérique n'a commencé qu'après 1850, tandis que celle en Angleterre date depuis 1825, contrairement à ce qu'écrit M. James D. Symon, dans un article de l'*English illustrated Magazine* (octobre 1897) qui voudrait la reporter à l'année 1846. Nous avons traité longuement cette question dans l'ouvrage déjà cité.

La plus grande partie de ces musiciens vagabondant isolément avec l'orgue est originaire des communes de Compiano, Borgotaro, Boccolo de' Tassi et Ferriere (provinces de Parme et Plaisance) ; les joueurs de violon, de harpe et de musette proviennent des régions méridionales de la péninsule qui, aux dix-septième et dix-huitième siècles, avaient eu le triste privilège de fournir les chanteurs castrats et, jusqu'à la fin du dix-neuvième, les chanteurs et musiciens ambulants.

Les descendants des anciens joueurs habitent comme autrefois à Paris, les 4e et 5e arrondissements tandis que les nouvelles recrues se sont installées dans le 12e et dans le 19e.

Dans la province, on a signalé ces nomades non seulement à Marseille, mais à Clermont-Ferrand, à Riom, à Issoire, à Montpellier, à Cette, à Agde et à Bordeaux.

Quoique cette émigration ne se présente pas comme ce qu'il y a de plus recommandable, il paraît résulter d'une enquête que les orgues de Barbarie sont confiées à présent de préférence à des femmes ou à des vieillards sans aucune escorte d'enfants. Malheureusement, il n'en est pas de même dans tous les autres pays où se transportent les restes de cette émigration nomade (1).

(1) Les journaux de Rome annonçaient tout récemment l'arrestation à la gare centrale d'un *padrone* qui avait engagé sept ou huit enfants à Caserta pour les amener en Amérique comme musiciens.

*
* *

Mais à côté de ces rares unités ambulantes, nous avons aujourd'hui toute une nouvelle classe de musiciens nomades, n'exerçant plus leur métier séparément, mais *viribus unitis*. Nous parlons de ces petits orchestres ambulants qu'on se plaît à appeler *troupes napolitaines*, quoique bien souvent l'élément fourni par le Sud de l'Italie n'y soit pas le plus nombreux.

Ces orchestres datent de peu d'années, bien que, dès 1841, le Napolitain Francesco Lipurato, dont Gavarni nous a transmis les traits, ait déjà essayé

Bien que la surveillance à Londres soit très sévère, l'exploitation de l'enfance y continue. (V. *Daily Chronicle* du 10 décembre 1897). Mais c'est en Amérique, principalement dans celle du Sud, que sévit le plus cruellement le fléau de la traite. V. l'important article de Ruben Dario sur *la Trata de niños, carne de Italia* dans le journal *El Siglo* de Montevideo à la date du 27 décembre 1902.

Nous renvoyons nos lecteurs désireux d'approfondir ce côté si intéressant de la question de l'émigration italienne à un livre intéressant, nourri de données et de documents, *I drammi dei fanciulli* (Come, 1902) de M. Lino Ferriani, l'éminent magistrat doublé d'un écrivain et d'un sociologue. Ajoutons aussi que l'*Opera d'assistenza degli operai italiani in Europa ed in Levante*, dont les chevilles ouvrières sont Monsignor Bonomelli, Schiaparelli, Prato, Cafiero, Geisser et Scotti, ont puissamment contribué à ces heureux résultats, aidés par l'opinion publique du pays et par le Gouvernement. Le *Commissariat italien de l'émigration* subsidie cette œuvre, comme est subsidiée aussi la société de San Raffaele, à New-York, qui surveille l'emploi des femmes et des enfants italiens. Et à propos de cette ville nous voulons rappeler enfin l'action bienfaisante exercée par le *Get together Club* et par son éminent directeur M. Tolman. Un des derniers *meetings* de cette société a eu pour sujet de discussion la condition des Italiens à New-York.

cette organisation de forces, comme « entrepreneur, directeur de spectacles à domicile pour Paris et les départements au plus juste prix (1) ».

Ces troupes constituant aujourd'hui la majorité et la fine fleur de notre émigration musicale ont droit à être examinées de tout près, d'autant plus que ces petits orchestres ont le mérite aussi de la nouveauté.

Les personnes du métier distinguent trois sortes de troupes : celles de *genere napoletano* proprement dit, celles de *genere tzigane* et celles enfin de *genere francese*.

Le premier genre, qui est le plus ancien et a eu sa vogue il y a six ou sept ans, commence à être aujourd'hui délaissé. Le personnel des troupes de « genere napoletano » est presque exclusivement composé d'Italiens ; le répertoire aussi est italien ou plutôt napolitain (2). Les artistes appartenant à cette catégorie sont les plus nombreux et les plus actifs. Ils se surmènent en vue d'augmenter les recettes. Tandis que les *tziganes* se bornent à quatre ou cinq heures de travail dans un établissement quotidien, les « Napolitains » *travaillent* dans deux maisons différentes.

(1) V. La collection des estampes des métiers de la Bibliothèque Nationale.

(2) Les morceaux les plus connus du répertoire de ces troupes sont la *Santa Lucia*, *Margheri*, *Funiculi-Funiculà*, *Addio mia bella Napoli*, la *Francese*, *Carmè*, et la célèbre tarantelle « *Maccheroni* ». Sont aussi très goûtés par le public : *O sole mio*, *Vieni sul mar*, la romance de Denza,« *Se* » « *Penso* » de Tosti et la *Musica proibita* de Gastaldon.

Ils jouent aussi en plein air, et c'est pour cela que leurs instruments parfois chantent faux, les variations rapides de température (nous parlons surtout du Midi) n'améliorant certes pas l'état déjà maladif de leurs pauvres instruments à corde.

La deuxième classe est celle qui a adopté, pour se faire à la mode et au goût prédominant en France, la *manière tzigane*. Les Italiens ont merveilleusement réussi à imiter à la perfection, sans se détacher du rythme, aussi bien les « distacchi » secs et rapides des « czardas », que ces reprises d'une audace folle et ces longues prolongations des notes langoureuses qui constituent tout le secret du succès des tziganes.

Les troupes qui ont adopté la troisième manière, le *genere francese*, datent seulement de la dernière Exposition, et sont composées d'artistes français et italiens, les premiers beaucoup plus nombreux, dans une proportion variant de 5 ou 6 Français à 2 ou 3 Italiens. Le premier violon, la flûte et la mandoline sont de préférence italiens, tandis que le violoncelle et la contrebasse sont français. La guitare, si elle n'est pas confiée à des Italiens, est souvent aux mains des Espagnols. Les membres des troupes « genere francese » ont le même costume que leurs collègues « genere napoletano ». Ils représentent l'aristocratie du métier; ils jouent avec beaucoup plus d'exactitude que les autres, ayant toujours la musique sous les yeux. Mais ils n'ont ni la furie française ni l'entrain endiablé des Napolitains et des

Tziganes : en grands seigneurs et en personnes bien élevées, ils ne se permettraient pas le moindre acte qui ne fût pas correct. On les croirait des « professori d'orchestra » déplacés.

*
* *

Mais les trois catégories, ont, à côté de ces menues différences, des caractères communs. Qu'ils appartiennent en effet au genre napolitain ou à celui français ou tzigane, tous les musiciens sont de véritables bohémiens. Le *musice vivere* des anciens Romains a toujours la signification de mener joyeuse vie. La femme, le jeu et le vin sont encore les trois dogmes du *credo* des musiciens. Une auréole de poésie entoure ces modernes ménestrels qui, renouvelant les exploits d'Orphée, conduisent pas mal d'Eurydices aux enfers, au lieu de les en ramener.

Le célèbre violoniste tzigane, héros d'une aventure princière, dont toute la presse s'occupa jadis, compte bien des concurrents dans les troupes napolitaines. C'est le ténor qui l'emporte. « Par les doux accents de sa voix — Du beau sexe tout à la fois, — il charme les yeux et les oreilles. » On nous a raconté des aventures extraordinaires de ces Don Juan de la rue à faire pâlir d'envie Casanova de Seingalt lui-même. Ils vivent, du reste, presque tous maritalement avec des Françaises.

Mais plus encore que coureurs, nos artistes sont

de véritables joueurs. Tout ce qu'ils gagnent passe au jeu. Disons, d'ailleurs, que les Napolitains donnent sur ce point un contingent beaucoup plus faible.

Troisième abus, le vin. Il s'agit d'un caractère atavique de la corporation. A la fin du seizième siècle, Garzoni, dans sa *Piazza Universale* (1), en parlant des musiciens de son temps les disait *amici del fiasco e del boccale*, et rappelait ce qu'écrivait Anacharsis le Scythe de son pays, le pays de Saïtapharnês, qu'en Scythie, *non sunt tibicines quia ibi non sunt vites*. Mais il s'agit de peccadilles qui n'atteignent nullement l'honneur de la corporation. Il est juste d'ajouter que nos instrumentistes sont au fond de bons diables ne faisant de tort à personne. On peut leur appliquer le vers de Delille :

Ils chantent, l'heure vole et leurs maux sont charmés.

Bien rarement la police a eu à s'occuper des musiciens italiens (2), faisant partie de ces petits orchestres.

Il faudrait dire enfin un mot de leur habileté, car il s'agit souvent d'artistes excellents qui mériteraient

(1) *Piazza Universale*, discorso LXII, p. 327.

(2) Les conditions morales des musiciens nomades italiens (les joueurs d'orgue exceptés) ont été toujours bonnes. M. Malherbe, archiviste de l'Opéra, qui a dépouillé les notes prises par M. Nuitter à la Préfecture de Police avant l'incendie de 1871, nous fait observer que sur les registres de la police allant de l'année 1718 à 1780, on ne trouve qu'un seul musicien italien, un sieur Barbatelli, expulsé le 24 juillet 1720 pour insultes.

un sort plus heureux : plusieurs de ces ténors ne seraient pas déplacés sur la scène d'un théâtre et certains de nos violonistes ou violoncellistes nomades pourraient donner des leçons à maints professeurs d'orchestre.

*
* *

Combien sont-ils, nos musiciens d'orchestres nomades et dans quelle partie de la France demeurent ces artistes ?

Si nous commençons par Paris, nous y retrouvons en hiver plus d'une douzaine de troupes des trois catégories.

En y comprenant les diverses douzaines de musiciens inoccupés, qu'on peut voir au Café de la Chartreuse, près de la Porte Saint-Denis, qui constitue l'agence principale pour les artistes nomades italiens (1), le total peut s'élever, d'après nos informations, à plus de 200.

Dans les départements, ils sont encore plus nombreux qu'à Paris. A Nice, on comptait, naguère, une trentaine de troupes italiennes dont sept composées exclusivement de Napolitains et sept de Romains, les autres les différentes régions de la péninsule. Les Toscans et les « Marchigiani » y seraient plus

(1) Aux dix-septième et dix-huitième siècles, le marché des musiciens se tenait dans la rue des Ménétriers (absorbée après par la rue Rambuteau) : au dix-neuvième, ils allèrent à la pointe Sainte-Eustache et ils se fixèrent ensuite dans la rue des Petits-Carreaux.

nombreux que les Piémontais, les Lombards et les Vénitiens.

Pendant l'été la majorité de ces musiciens se rendent, comme leurs collègues de Paris, à Aix-les-Bains, à Vichy, à Genève, à Evian-les-Bains, etc., et une partie « fait » les bateaux des lacs suisses. Deux ou trois troupes se dissolvent pour se reformer au commencement de l'hiver, et quelque rare représentant de la corporation reste à Nice.

Monte-Carlo et Cannes seraient les endroits favoris des musiciens. On y joue le matin dans les jardins et le soir à table d'hôte. Les artistes nomades qui fréquentent ces deux villes sont les plus habiles et les plus *affiatati*.

A Marseille, les petits orchestres italiens vont à l'embarcadère pour jouer à l'arrivée et au départ des bateaux.

En résumant les chiffres recueillis nous avons pour la province un total de 60 troupes (1) et de 330 musiciens représentant l'élément qui passe régulièrement l'hiver dans la même ville. Il faudrait ajouter à ce chiffre, pour être plus exact, celui des membres appartenant aux troupes nomades par excellence, qui font la tournée de San Remo, Ospedaletti, Bordighera, Menton, Monte Carlo, Beaulieu, Nice et qu'on pourrait évaluer en chiffres ronds à 100. Ceci porterait à plus de 400 le total pour le

(1) Ce chiffre est porté par le docteur Rossi à 100.

Midi contre 200 pour Paris. Dans les autres départements il n'y aurait pas d'orchestres italiens. En ajoutant les 300 ou 400 joueurs *solistes* d'orgue de Barbarie, de harpe, de violon, etc., on arriverait à un total de 1.000 musiciens ambulants pour toute la France avec 90 à 100 femmes à peine; c'est-à-dire le dixième ou le douzième de toute cette émigration. Chaque troupe a toujours une femme, qui sert pour la quête. Elle est généralement jeune et jolie, mais on lui défend l'approche des tables d'hôte.

* * *

Les conditions économiques de cette double catégorie de musiciens, les solistes et les membres de troupes, sont discrètes pour les premiers et bonnes pour les seconds, mais on ne peut que calculer d'une façon très vague le chiffre de ces gains qui varient, d'après leurs talents et leur sagacité, de 3 à 15 francs par jour.

Les joueurs d'orgue de Barbarie paient, comme les cochers, une *moyenne*, qui est à peu près de 3 francs par jour, pour louer l'instrument et en réalisent autant de profit net les jours de la semaine et 5 francs à peu près le dimanche, bien que les jours de pluie et de mauvaise saison fassent diminuer les recettes. Les autres solistes gagnent de 3 à 4 francs : les mandolinistes et guitaristes, qui sont chanteurs à la fois, peuvent ramasser jusqu'à 10 ou 15 francs par jour.

Les profits réalisés par les « napolitains » sont aussi différents, selon leur « travail ». Il y a les orchestres qui jouent dans les établissements nocturnes fréquentés par le demi-monde escorté des amis et protecteurs, et par les étrangers. Ils font des affaires excellentes, grâce à la surexcitation du milieu et à la prodigalité de ces catégories dans lesquelles l'amour-propre est plus fort que l'amour de l'art. L'importance des profits dépend de celle du café-restaurant, de la brasserie et des tables d'hôte des hôtels où ils jouent.

D'après notre enquête, le *minimum* de ces profits serait pour Paris de 5 à 6 francs par jour mais, dans certains orchestres, les artistes toucheraient de 7 à 8 francs, avec la quête et même 9, 10 et 12, mais dans deux reprises journalières de travail.

On donne aussi dans tous ces établissements aux artistes l'*apéritif* et quelques bocks de bière, mais rarement à manger.

Dans les départements, leurs conditions économiques sont à peu près pareilles. A Marseille, on peut calculer les profits des musiciens à raison de 3 et 5 francs par jour, tandis qu'à Menton et à Nice, il est de 6 à 11 francs. C'est à Nice, que le bon métier a tenté même des musiciens de théâtre qui *font la table d'hôte* avant d'aller jouer à l'Opéra ou à la Comédie. A Monte-Carlo et même à Cannes, les recettes sont plus élevées : on nous a parlé même de gains de 20 francs, chiffre que nous n'avons pas réussi à contrôler. Il est vrai que le sourire du ciel bleu de la Provence et la beauté incomparable de la ligne de l'Esterel ajoutent à chaque son le charme que souvent l'artiste oublie de lui donner.

Si nos musiciens avaient la même nature que les autres émigrants italiens et leurs qualités d'économie, ils pourraient mettre de côté beaucoup d'argent parce que les dépenses obligatoires de leur budget ne sont pas grandes. Un de ces nomades nous a dit que dans le Midi les frais de nourriture montent à 3 francs à peu près et à 50 centimes ceux de logement. Ces frais sont environ les mêmes à Paris, le logement seulement variant de 50 centimes à 1 franc par tête. Mais vu leurs habitudes et leurs mœurs, il est sûr que pas un sou gagné en France ne réussit à passer de l'autre côté des Alpes.

*
* *

Tel est dans ses lignes principales l'état de l'émigration actuelle des musiciens italiens en France. Elle ne constitue pas jusqu'ici (nous parlons naturellement de la seconde et plus importante catégorie) une classe qui fasse du tort à notre immigration dans ce pays. Nous exprimons seulement le vœu qu'elle ne se multiplie pas trop en enlevant des bras à d'autres métiers plus utiles. Une émigration restreinte de cette catégorie, pourvu qu'elle soit composée de bons éléments, apportera toujours un petit rayon de la musique italienne et demeurera le représentant populaire de cet art, qui, faisant partie essentielle du caractère italien, en constitue en même temps l'éloge moral... Aux détracteurs systématiques de l'Italie, qui, dans cet instinct musical, ne veulent trouver qu'une preuve du peu de sérieux de notre peuple, nous dédions pour clore cette étude, le sévère jugement par lequel Shakespeare flétrissait les musicophobes : « C'est le méchant qui ne chante pas : l'homme qui n'a dans l'âme aucune musique et qui n'est pas ému par l'harmonie est capable de trahison, de stratagème et d'injustice. Les mouvements de son âme sont mornes et lents. » Et le grand poète conclut son terrible réquisitoire par le conseil : « Ne vous fiez pas à un pareil homme. »

CHAPITRE V

LES VITRIERS AMBULANTS

Il est curieux de constater que les vitriers ambulants italiens ne se rencontrent point dans les autres pays où se déverse le flot de notre émigration. On n'en trouve en effet, ni dans la Suisse et l'Autriche limitrophes de l'Italie, ni dans cette contrée classique de la vie nomade, véritable Eldorado des professionnels ambulants, l'Angleterre.

Dans l'armée si diverse de nos vagabonds qui infeste le Royaume-Uni, les vitriers font défaut. Nous notons le fait sans commentaires, en nous demandant simplement s'il ne faut pas l'attribuer à la fenêtre anglaise à guillotine qui l'a emporté sur celle des peuples latins, plus commode et plus hygiénique, il est vrai, mais plus favorable aux caprices du vent et aux intérêts des vitriers.

Cette industrieuse catégorie d'errants nomades

provient pour la plus grande partie de la Val Soana, c'est-à-dire des communes de Ronco Canavese, Valprato, Campiglia Soana et Ingria. Les vallées de Luserna, d'Aoste, et de Domodossola fournissent le moindre contingent. Ronco Canavese, au contraire, apporte le plus grand, qui est d'au moins 180 vitriers; vient ensuite Valprato avec 90, puis Campiglia Soana et Ingria chacun avec 25. Les vitriers italiens qui se répandent chaque année périodiquement en France et en Algérie peuvent s'évaluer, sans crainte d'exagération, à 550 au moins, dont 330 environ se fixent rien qu'à Paris et aux alentours (1). Nos chiffres sont, il est vrai, purement approximatifs, car il n'existe et il ne peut exister dans les consulats aucun registre complet des nationaux à classer parmi les vagabonds. En outre, les rapports des autorités locales ne fournissent que bien peu de lumière à cet égard; les déclarations de résidence que la loi française impose aux étrangers sont exclusivement inscrites par ordre alphabétique de nom de famille et non par profession. L'auteur de cette étude avoue ne pas avoir eu le courage de dépouiller les 40.000 fiches des Italiens résidant dans le seul département de la Seine !

(1) Le chiffre de plusieurs milliers de vitriers donné par Barberet dans sa *Bohême du travail* (Hetzel, 1889; p. 384), ne paraît reposer sur aucun document. Il les porte à 6.700 dont 2.000 français contre 4.700 italiens! Ces 4.700 étrangers, à raison de 1.500 francs d'économie par homme, *enlèveraient annuellement sept millions par an à la France!!!*

Pour les métiers dont l'exercice est réglementé par la police, il serait plus facile d'avoir quelques données plus précises, par exemple pour les marchands de glaces qui, faisant leur commerce à l'aide d'une petite voiture ou d'une baraque, ont besoin d'un permis spécial dûment enregistré. Il n'en est pas de même, au contraire, des vitriers, qui une fois en règle pour la déclaration de domicile, n'ont plus rien à faire avec l'autorité locale. Les chiffres cités plus haut ont été recueillis par nous personnellement de la bouche des vitriers eux-mêmes, et leurs informations trop souvent contradictoires ont été contrôlées ensuite et triées, grâce à l'aide de quelques amis. Dans cette statistique sont compris également les vitriers d'occasion, les peintres badigeonneurs qui viennent généralement des lacs et font le métier de vitriers dans les mois où leur occupation régulière chôme. Deux grandes maisons italiennes, celle de Taddeoni qui emploie 200 de nos ouvriers et celle de Tognini qui en a 120, fournissent, l'une 15, l'autre 25 à 30 de ces vitriers occasionnels.

*
* *

Aucun érudit ne s'est, à notre connaissance, occupé de déterminer l'époque où a pu commencer en France le mouvement d'immigration de nos héros. Toutefois, il ne faudrait pas pousser trop loin les recherches pour résoudre ce problème. Tout le monde sait que le métier de vitrier n'est devenu vraiment vagabond qu'à partir du siècle dernier. Le prix élevé des vitres lui enlevait, en effet, auparavant, le caractère de profession ambulante et à la portée de toutes les bourses. D'autre part, on n'ignore pas que, dans le passé, l'art de couper, de façonner les vitres était un monopole italien, exercé par des Italiens. Il ne s'agirait donc que d'une simple profession héréditaire.

Il serait difficile de préciser quand et comment nos compatriotes réussirent à s'imposer au marché français sous le costume moderne et plus humble du poseur de carreaux. Pour ce qui concerne la capitale, on ne rencontre ni dans *les Cris de Paris* de Bouchardon et Vernet, ni dans la série de Duplessis-Bertaux ni dans *les Crieries de Paris* de J. de la Villeneuve, ni dans *le Tableau de Paris* de Mercier aucune trace de vitriers ambulants. C'est en vain que nous avons consulté les ouvrages qui traitent des métiers vagabonds à Lyon, à Marseille et dans les autres villes principales de France. Il n'y est pas fait mention de cette classe de professionnels. C'est en 1841 seulement, dans *les Français peints par eux-mêmes*, publiés successivement par Curmer et par Philippaux, que l'on trouve une esquisse de vitriers ambulants, due au célèbre Paul Chevalier, plus connu sous le nom de Gavarni, et qui sert d'illustrations d'un article chaleureusement sympathique consacré à nos vagabonds sous la signature de Joseph Mainzer.

L'auteur décrit aussi le costume de ces vitriers qui

ne diffère pas beaucoup de celui qu'ils endossent aujourd'hui. Du portrait physique il passe au portrait moral, en rendant hommage à leur caractère et à leur application au travail. A plus d'un demi-siècle de distance, ce portrait nous paraît toujours le plus fidèle et le plus original qu'on puisse faire encore maintenant de ces nomades, et nous le reproduisons ici textuellement, comme un document d'un vif intérêt actuel :

Piémontais d'ordinaire, le vitrier ambulant se répand sur toute la surface du continent : on le rencontre dans les grandes villes, dans les bourgs, dans les villages, dans les hameaux; car sa clientèle est partout où il y a des fenêtres pour recevoir les vitres et des coups de vent pour les briser. Son costume se compose ordinairement d'un gilet rond ou d'une veste de chasse d'une couleur verdâtre, d'un pantalon sur lequel il semble avoir étendu son mastic à l'effet d'en raffermir les endroits faibles, d'une casquette à visière, de guêtres et de souliers ferrés. Sur son dos est soutenue par des courroies une espèce de cadre de bois chargé d'une certaine quantité de lames de verre, de toutes les dimensions et de toutes les nuances... Une règle aplatie, qui lui sert en même temps de mesure, une sorte de crayon dont la pointe est un diamant avec lequel il trace sur le verre les lignes qui doivent le séparer, un rouleau de mastic, un marteau et un couteau à lame flexible, forment tout le reste de son établissement. C'est merveille de le voir ainsi équipé traverser les foules les plus compactes sans faire un faux pas et sauver adroitement de tous les embarras sa fragile marchandise. Vif, intelligent, actif, il brille surtout par une merveilleuse dextérité. A douze ans, comme à soixante, vous remarquez en lui la même précision mathématique lorsqu'il prend ses proportions, la même légèreté quand sa main promène son marteau sur le verre sans le briser, et surtout la même parcimonie dans l'emploi de son mastic, dont il se garde bien de perdre la moindre parcelle. Le vitrier a, dès l'enfance, l'instinct du calcul et du gain, le courage et la persévérance de l'ambition qui veut parvenir.

Dans un livre paru l'année suivante, Émile de la Bedollière chante sur le même ton les louanges de cette classe (1).

Il est curieux, toutefois, de constater que les représentants actuels du métier vagabond de vitrier n'ont pas d'ancêtres, et qu'ils ne remontent même pas à ceux célébrés par Gavarni. Le plus âgé de ceux que nous avons interrogés fixe à 1867, l'année de l'Exposition, la première incursion faite par les vitriers du Val Suana en France. Leurs pères et grands-pères émigraient, à vrai dire, autant qu'ils s'en souviennent, du pays natal, mais ils étaient tous potiers et ouvriers en cuivre. Il semble que les vitriers ambulants italiens venaient presque exclusivement, à cette époque, de la Savoie, du Val d'Aoste et de la Valsesia.

* * *

L'émigration actuelle des vitriers est toujours, comme dans le passé, temporaire.

Ils arrivent en France, les uns au commencement de septembre et les autres au commencement d'octobre, pour rentrer au pays natal au mois d'avril

(1) *Les industries, métiers et professions en France*, par Émile de la Bédollière (Paris, Janet, 1842), p. 89.

afin de s'y livrer aux travaux de la campagne. Toutefois, le contingent de ceux qui retournent au foyer, dans leurs vallées d'origine, s'essaime de temps en temps, parce que la vie nomade est moins dure que celle des champs. Tel jeune garçon, dont la vigueur s'est déjà affaiblie par le séjour de la ville, préfère affronter les difficultés de quelque autre travail occasionnel plutôt que de se remettre au labeur rural plus fatigant. Un certain nombre, toutefois, demeurent au village, enchaînés qu'ils sont par des liens contractés avec les femmes de l'endroit. Mais, à part un petit nombre d'exceptions, le caractère de cette émigration est, nous le répétons, périodique et l'on en a la preuve dans le nombre restreint de femmes (il ne s'évalue guère à plus de 4 à 5 p. 100) qui rentre dans le chiffre total.

Lorsqu'ils arrivent, en automne, à Paris ou dans toute autre localité où ils se proposent d'exercer leur industrie, ils s'empressent, s'ils sont novices, de s'adresser à quelque parent ou compatriote chez qui ils s'établissent et dont ils mettent l'expérience à profit dans les premiers temps. Si, au contraire, ils sont experts au métier, ils regagnent leurs anciens quartiers comme des hirondelles leur nid.

A Paris, les vitriers vivent ensemble par groupes de 10, 15 et plus, souvent divisés par pays et par famille. Tandis que les « carrarini » ou marbriers, qui existent encore dans la capitale, continuent à habiter ensemble à Montmartre et les mouleurs, les chaudronniers, les fumistes ou « laghisti » aux Batignolles, nos vitriers sont au contraire répandus sur plusieurs points de la ville, mais évidemment pas dans les quartiers riches. Les IIIe, V[e], VIIIe, XIIe, XVIIIe et XIXe arrondissements se les partagent entre eux (1).

∴

Le prix des logements varie de 10 à 15 francs par mois pour une petite chambre. En général, ceux qui couchent ensemble appartiennent à une même famille. Certes on ne peut donner nos vitriers comme des modèles de propreté hygiénique, mais il est hors de doute que les conditions dans lesquelles ils vivent sont infiniment supérieures non seulement à celles de nos autres nomades, mais encore de beaucoup d'ouvriers parisiens. Les chambres qu'ils occupent, petites et étroites, il est vrai, n'ont rien de commun avec les infects taudis de la rue du Tunnel et de la rue des Alouettes, où dans des pièces de 2 mètres de long sur 2 mètres et demi de haut et 2 mètres de large, gîtent le mari et la femme. Dix mètres cubes d'air pour deux personnes! (V. *Compte rendu des séances du Conseil d'hygiène pour l'année* 1895.) Les logements de nos vitriers sont, en comparaison, de

(1) Dans une seule maison de la Villette on en compte 33, dans une autre de la rue de Tanger 32, et dans deux hôtels de la rue Riquet également 32. Les autres vitriers se trouvent dispersés dans les rues de la Chapelle, Erard, Beccaria, Froissart, Pont-aux-Choux, du Pot-de-Fer, Citeaux et dans l'île Saint-Louis.

vrais palais où l'on peut entrer sans que la vue ni l'odorat soient offusqués.

*
* *

Quant à la nourriture, la dépense atteint de 2 fr. 10 à 2 fr. 25 par jour. Le repas de midi se prend d'ordinaire là où l'on se trouve, dans un des 27.000 cabarets qui existent dans Paris. Celui du soir, c'est-à-dire « la soupe », a lieu, au contraire, en famille. Généralement, le premier rentré se charge de la cuisine et prépare le copieux potage qui se mange ensuite gaiement en compagnie. Après ce simple souper, chacun passe en revue ses habits et ses chaussures pour s'improviser tailleur et savetier. Dans la soirée également, avec les débris de verres coupés et cassés qui leur restent ils font de petits passe-partout qu'ils vendent quelques sous. Parfois le budget se trouve grevé d'un verre de vin, mais on n'en abuse point. Ils s'abstiennent tous de liqueurs. La maladie si commune à l'ouvrier français du « petit verre du matin » ne les a jamais atteints. Outre le luxe, fort rare, du « raccord », ils s'offrent plus fréquemment la pipe de tabac. Tous les vitriers que nous avons interrogés fumaient, et bon nombre d'entre eux chiquaient : il y en a qui dépensent plus de 3 fr. par semaine en tabac.

Les vêtements leur coûtent annuellement de 35 à 40 francs, la chaussure 24, car il leur faut à chacun, en moyenne, par an, deux bonnes paires de souliers qu'ils paient au moins 12 francs la paire. Les chemises et autres objets d'habillement qu'ils ont généralement de rechange et qu'ils apportent de chez eux se lavent le soir dans la chambre.

Voyons maintenant comment, dans leur bilan, ils font face à leur passif.

*
* *

S'ils ne sont plus à l'âge d'or, les vitriers jouissent cependant encore de conditions économiques relativement florissantes. Ce qui le prouve, c'est qu'ils ne figurent pas pour 1 sur 1000 dans les secours distribués par la Société italienne de bienfaisance. Nous parlons ici de Paris, mais nos renseignements sont les mêmes pour les autres départements et pour l'Algérie, où ils se trouvent même mieux que dans la capitale. S'il est vrai que tous les vitriers répondent invariablement sur le même ton lugubre lorsqu'on les interroge sur leurs recettes, en cachant la vérité comme s'ils avaient à faire à un employé des contributions, il est bon de se rappeler que ce mensonge est instinctif dans les basses classes. A les en croire, les verriers-peintres et les soi-disant marchands de couleurs leur font la plus terrible concurrence, mais ils oublient d'ajouter que leurs propres conditions sont bien plus avantageuses pour la lutte, puisqu'ils n'ont ni loyer ni installation de boutique, ni commis, ni patentes d'aucune espèce à payer. Le métier commence à se gâter, parce que l'exagération des prix demandés par nos nomades leur aliène les sympathies du client. Et le faux système n'est pas près d'être abandonné ! Nous en avons fait nous même l'expérience : nous avons demandé à plusieurs de nos vitriers interrogés séparément le prix minimum d'un travail à faire et l'on nous a toujours surfait de 40 p. 100 ce que comptait le verrier-peintre beaucoup plus raisonnable.

Les vitriers travaillant à la journée ont un salaire quotidien de 7 francs s'ils restent dans Paris et de 9 francs lorsqu'ils sont hors barrière. Dans la capitale, de même qu'à Lyon et à Marseille, l'heure est généralement payée à raison de 17 sous (85 centimes). Le plus grand nombre travaillent pour leur propre compte en s'équipant complètement pour 15 à 20 francs, qui suffisent à l'achat du « portoir » muni de bretelles qu'ils s'attachent sur le dos pour transporter la marchandise. Dans cette dépense est compris le coût du marteau, des deux couteaux à mastiquer et enfin du diamant. Ces vitriers libres ramassent en moyenne de 5 à 9 francs par jour. Et leur mois le plus avantageux est celui d'octobre, quand commencent les nouvelles installations et les déménagements. Les vitriers ambulants trouvent alors des auxiliaires lucratifs dans les maçons et les autres ouvriers employés aux réparations et aux aménagements des appartements. Le plus mauvais mois est celui de décembre. Tout compte fait et quoiqu'ils chantent toujours misère, ils arrivent à la fin de la saison avec un pécule de 500 à 700 francs et la chancellerie consulaire de Paris n'ignore pas les petits lopins de terre acquis dans la Val Soana par les vitriers avec leurs économies.

*
* *

Si les conditions économiques des vitriers nomades paraissent relativement florissantes, leur situation morale est encore meilleure, et permet de jeter un jour sympathique sur cette partie de notre colonie. A part le défaut signalé plus haut de l'exagération des prix demandés, on peut dire que l'honnêteté de cette classe de professionnels est à toute épreuve et que leur degré de moralité est assez élevé. M. Privat d'Anglemont, parlant du Paris inconnu, a fait remarquer que dans les statistiques criminelles des bagnes qu'il a consultées, pour une période de quinze ans, il n'y a que trois professions qui n'y figurent pas : les huissiers, les comédiens et les chiffonniers. L'auteur, s'il avait voulu être plus exact, aurait pu y ajouter une quatrième profession qui est celle que nous étudions ici. Les rapports de police, tant pour Paris que pour les autres villes de France, sont, en effet, très favorables aux vitriers. Depuis vingt ans, il n'y a pas eu de criminels parmi eux et cette période indemne ne fut interrompue que par un homicide reconnu involontaire. La vie retirée qu'ils mènent, renfermés dans leur coquille, les empêche de se trouver au milieu des rixes de nationaux et d'étrangers, si faciles, si violentes et malheureusement si fréquentes en France. Le fait de fuir les occasions parle en leur faveur parce que, sous le rapport de l'esprit de nationalité et de la *cavalleria rusticana*, ils ne le cèdent à personne.

Disons encore, pour rendre hommage à leur « abstentionisme », qu'ils ne font partie d'aucune association. Le culte et ses pratiques ne les attirent point, la politique les laisse complètement indifférents, les idées socialistes et subversives n'ont pas de prise sur leur conscience. Leur exil temporaire du pays natal n'a que deux buts : le travail et l'épargne. C'est le cas de répéter ici les belles paroles qu'écrivait, il y a quelques années, Arnould Frémy, et qui ne sont pas moins vraies aujourd'hui : « Le Piémont, que les dictons français accusent bien à tort de nonchalance et de fainéantise endémique, joint, au contraire, à l'activité et à la dureté du travail des peuples des montagnes, l'adroite souplesse et l'insinuante subtilité du caractère italien. »

Leurs conditions intellectuelles marchent de pair avec leurs conditions morales, leur degré d'instruction étant assez élevé, puisque plus de 90 p. 100 savent lire, écrire et calculer. Toutefois, ils n'abusent pas de ces capacités, car ils se font presque un crime d'employer un sou à ce qui n'a pas rapport à la profession. Les vitriers de la rue des Cîteaux dont nous avons parlé se vantaient de ne pas dépenser tous ensemble plus de 1 ou 2 francs par an en brochures, journaux et chansons. Combien nous sommes loin de 20 francs et au delà inscrits dans leur budget annuel, pour la lecture et l'instruction, par les ouvriers anglais, allemands et belges, et des 8 dollars que l'ouvrier des États-Unis consacre, pour le même laps de temps, à l'achat de livres et de journaux ! En fait de lectures, nos vitriers se contentent de se faire lire trois ou quatre fois par mois la *Stampa*, le *Corriere della sera* ou le *Secolo*, non pour la partie politique, mais pour les faits divers. Chose curieuse, le plus grand nombre d'entre eux ignorent jusqu'au nom du président de cette république qui leur donne l'hospitalité ! Au reste, leur curiosité est limitée sur toute la ligne : la plupart des vitriers que nous avons interrogés nous ont avoué qu'ils n'avaient jamais mis les pieds ni dans une église, ni dans un théâtre français ! Et ce n'est point par ignorance de la langue, qu'ils parlent au contraire correctement, après bien peu de pratique, suivant en cela les bonnes traditions des anciens ramoneurs piémontais dont Arnould Frémy, déjà cité plus haut, disait : « Ils apprennent la langue française avec une vitesse excessive : trois mois leur suffisent quelquefois pour se faire comprendre parfaitement. »

*
* *

Nous avons donné plus haut le chiffre total de l'immigration de ces nomades pour toute la France et l'Algérie. Ce chiffre d'environ un demi-millier d'individus représente à peine la moitié de ce qu'était l'émigration de nos vitriers ambulants en France sous Louis-Philippe et Napoléon III. Cette diminution s'accentue, du reste, davantage, tous les jours. On peut constater que ce métier nomade, relativement facile et assez rémunérateur, tend à échapper de plus en plus aux Italiens. La guerre a commencé il y a plusieurs années : une grosse bataille fut livrée, en 1888, aux anciens occupants par la *pétition des ouvriers vitriers de Paris contre les vitriers italiens* (1). L'issue du combat n'est point douteuse. Le jour n'est pas loin où l'autorisation d'exercer cette profession ne sera plus octroyée aux étrangers en France.

(1) Cfr. *Journal des Économistes*, 1re série, t. II, 156.

DEUXIÈME PARTIE

QUELQUES FORMES DE L'ESCLAVAGE MODERNE

CHAPITRE PREMIER

LA TRAITE DES PETITS ITALIENS EN FRANCE (1)

> Les hommes sont, en général, plus soucieux de l'élevage de leurs chevaux que de celui de leurs enfants.
>
> GUILLAUME PENN.

Les dispositions législatives qui régissent en France la condition des enfants ont fait, dans ces dernières années, d'immenses progrès auxquels tout le monde applaudit.

A l'appréciation française se joint celle de l'étran-

(1) Grâce aux nouvelles lois promulguées depuis, certaines données citées plus loin, dans ces pages qui ont eu l'honneur de la tribune parlementaire en France, en Angleterre et en Italie, n'ont plus heureusement qu'un intérêt rétrospectif.

ger, et de l'autre côté des Alpes surtout l'on n'a pas manqué d'y rendre hommage, en engageant le gouvernement italien à suivre ce bel exemple.

Dans ces quelques pages consacrées à des enfants qui. quoique étrangers, vivent sous ce même ciel en France, nous aurions désiré pouvoir nous associer à cet enthousiasme. Nous aurions voulu répéter les mots d'un grand philanthrope, M. Roussel, qui a toujours plaidé si éloquemment la cause de l'enfance en affirmant que l'éducation et la protection des enfants sont considérées en France comme les premiers devoirs sociaux sur lesquels repose l'avenir même de la société. Mais malheureusement ce point de départ eût été faux pour le sujet à traiter. C'est au contraire la phrase sévère du célèbre quaker anglais citée en tête de ces pages, qui nous revient à l'esprit. Nous nous trouvons en effet en présence d'entreprises criminelles et délictueuses qui, en dépit de toutes les lois civiles et morales, s'accomplissent chaque jour gratuitement et impunément. Sur cette terre ardente de philanthropie et de liberté, de faibles créatures sont les victimes de la plus barbare oppression. Comment ces faits ont-ils pu échapper jusqu'ici, dans leur presque totalité, aux yeux d'argus de la presse et à la vigilance exercée par l'assistance publique et par tant de centaines de sociétés privées consacrées à l'œuvre de la protection de l'enfance? Nous n'hésitons pas à répondre que *c'est sans doute cette ignorance* qui seule explique leur raison d'être!

La question de la traite des *petits Italiens* n'a pas manqué de préoccuper les autres pays où ils sont importés, et le triste problème a été consciencieusement signalé et étudié aux États-Unis (1).

En Angleterre aussi la puissante Société nationale *for the prevention of cruelty to children* a pu nous montrer les résultats admirables de la lutte acharnée engagée contre les entrepreneurs des enfants italiens.

Par contre, nous ne possédons en France aucun travail sérieux sur ce sujet, si ce n'est un rapport adressé en 1889, de Lyon au ministère italien des Affaires étrangères par le comte Caccia-Dominioni, chargé alors du consulat royal, rapport resté malheureusement ignoré de la majorité du public, parce que, à l'époque où nous vivons, une publication officielle est trop souvent la *vox clamantis in deserto*.

Certes, le silence qui entoure la question ne provient pas de l'indifférence ni de la tiédeur des sentiments. Le cœur français bat généreusement à la vue du malheur et à la voix de la pitié.

C'est à son élan humain de commisération que l'auteur des considérations présentées ici fait appel aujourd'hui, dans l'espoir que les sympathies bienveillantes de toutes les personnes de cœur lui seront également acquises en faveur de ces petits êtres.

(1) Voir entre autres les articles du *Forum*, 1893, v. 157 et de *Chautauquan*, 1895, v. 21.

*
* *

L'histoire d'aujourd'hui n'est qu'une continuation fidèle de celle d'il y a trente ans. Comme autrefois, la France est maintenant envahie par des milliers de *petits Italiens*.

*
* *

Ce que Maxime Du Camp disait des joueurs d'orgue de Barbarie, s'applique rigoureusement aujourd'hui aux petits verriers. C'est une sorte de commerce monstrueux, dont ceux qui s'en rendent coupables ne comprennent probablement pas toute l'immoralité. Les choses se passent régulièrement et le plus souvent par devant notaire. Un entrepreneur, un *comprachico*, qui n'a pas besoin pour se présenter de répéter les mots des Adelphes *leno ego sum*, parcourt les villages à la recherche d'enfants qu'on veuille bien lui livrer *per aes et libram*. Quand saint Vincent de Paul vint à Paris, on vendait dans la rue Saint-Landry, les enfants trouvés à vingt sous la pièce. Il faut reconnaître que la civilisation a fait des progrès, car dans la Basilicate la redevance actuelle varie de cent à cent cinquante *lire* pour un bail de trois ans.

« Cent *lire* de profit et une bouche à nourrir de moins : lucre émergent et perte arrêtée, dit M. De Luca ; c'est cynique, c'est horrible, mais malheureusement, c'est la vérité ! »

Un proverbe danois dit que les enfants sont la richesse des pauvres. En France et en Angleterre, principalement dans les grandes villes, il y a des milliers de parents indignes qui trafiquent de leurs fils en les louant à des éclopés se promenant par les rues avec trois ou quatre pauvres petits êtres en bas-âge pour leur faire jouer la comédie de l'innocence qui souffre. Le même principe est adopté dans certaines provinces de l'Italie du Sud, où l'enfant est considéré comme un capital dont le produit appartient légitimement au père. Il n'y a pas de *jus puerorum*, mais seulement une *patria potestas*, souveraine, sans bornes. Le droit de la famille sur l'enfant y est un droit absolu, et le père cède par contrat ce droit aux entrepreneurs ; ces derniers se croient si bien, par le fait de cette cession, dans leur droit strict, que souvent à l'étranger, et notamment en France, tout autant aujourd'hui qu'à l'époque où écrivait Maxime Du Camp, ils ont recours aux autorités consulaires italiennes pour faire respecter le sous-seing par les exploités, lorsque ceux-ci s'y montrent récalcitrants. Ils ont toujours ces documents dans leurs poches, ainsi que leurs autres papiers d'identité. Ces contrats, véritables chartes d'esclavage, sont toujours les mêmes. Les entrepreneurs et les parents ont trouvé qu'on n'aurait jamais pu faire mieux, et le texte typique de ce genre de convention présenté en 1872, par le ministre Visconti-Venosta, au Parlement dans les documents annexés au projet de loi, reste encore presque immuablement le même à l'heure qu'il est. Ce qu'on ne comprend pas, c'est que ces documents soient toujours légalisés par les autorités.

L'Italie du Nord et l'Italie centrale ne fournissent qu'un très faible contingent, provenant des deux provinces de Coni et de Pise ; mais ils sont à peine quelques dizaines ; le gros de l'armée est livré par les provinces de Caserte et de la Basilicate.

Les communes qui se distinguent par le nombre considérable des petits émigrants sont Acquafredda, Acquafondato, Arpino, Atina, Casalattico, Casalvieri, Colle S. Magno, Filignano, Picciniseo, Roccadarce, Roccasecca, Santopadre, Sora, Viggiano et Viticuso.

Le contrat est signé : le curé, appelé par la mère, accourt pour donner sa bénédiction aux petits qui partent et le père va à l'église y allumer un cierge voué à la Sainte Vierge ou à l'ange gardien.

Mais le petit convoi est en marche pour le pays de leurs rêves, où les entrepreneurs leur ont promis une vie douce et agréable. Les enfants s'embarquent généralement à Naples à destination de Marseille. Autrefois, les autorités françaises ne leur permettaient pas de débarquer ; à présent, l'entrée est libre.

Les enfants qui arrivent à pied sont l'exception, à peine 5 sur 1.000, tandis qu'il y a trente ans, c'était la règle. Ce sont généralement les propriétaires des usines, si l'on peut ajouter foi aux dires des entrepreneurs, qui avancent l'argent pour le voyage.

Arrivés à Marseille, la plus grande partie des enfants est dirigée sur Lyon et Rive-de-Gier et partagée entre les verreries des deux départements du Rhône et de la Loire ; une petite bande est envoyée à Fontainebleau et de là, dans les verreries des environs de Paris.

La guerre que, depuis 1867, l'ambassade de Paris et la Société de bienfaisance font sans relâche à la traite des enfants, a obligé les entrepreneurs à renoncer au choix de la capitale comme centre de leurs opérations. La conquête de Paris représenterait stratégiquement pour eux en totalité celle de l'Est et du Nord de la France, où ils n'ont maintenant réussi qu'à introduire une très petite partie de l'armée des petits Italiens.

*
* *

L'industrie verrière, dont la France est redevable à l'Italie (1), fleurit principalement dans les départements du Rhône et de la Loire, à Rive-de-Gier, Oullins, Givors, Vals, la Mulatière, Lyon, etc., où il y a de nombreuses et importantes verreries à bouteilles, à vitres et à gobeleterie. C'est là, comme nous l'avons dit plus haut, que ces entrepreneurs transportent la plupart

(1) Voir l'œuvre magistrale de M. Pelletier, *les Verreries dans le Lyonnais*, etc., Paris, 1887.

des enfants. Ils se présentent au directeur de l'établissement, qui leur a demandé du personnel ouvrier, avec leur escadre de garçons. Les petits y sont embauchés de suite sans aucune difficulté. Et, en effet, où l'industriel pourrait-il trouver dans le pays un autre ouvrier à 35 ou 45 francs par mois pour un travail de dix heures par jour?

L'entrepreneur garde naturellement pour lui le droit de toucher les salaires de tous les enfants: il y a, il est vrai, des « patrons » qui leur abandonnent généreusement *quatre sous* par semaine pour leurs *menus plaisirs*, mais c'est l'exception. Même, comme à la Chapelle-Saint-Denis, quand les directeurs font cadeau aux enfants de quelques sous, « les patrons » prétendent les retenir pour leur compte.

Il y a à peine une dizaine d'années que les verreries du département de la Seine ont suivi l'exemple de celles du Rhône et de la Loire. Mais les salaires des *petits Italiens* employés dans les environs de Paris sont un peu plus élevés que les autres : ils varient de 45 à 65 francs par mois.

Pour les enfants embauchés dans les verreries de Lyon, le gain moyen par an pourrait être évalué à 470 francs, tandis que pour les autres employés dans les établissements de la Seine cette moyenne s'élève à 600 francs. Sur ces sommes, l'entrepreneur prélève les 100 francs payés aux parents et les 60 ou 80 francs de frais de voyage pour chaque enfant.

*
* *

L'âge de ces enfants varie de 11 à 18 ans. La loi française du 2 novembre 1892, prescrit que les enfants ne peuvent être employés par les patrons dans les usines avant l'âge de 13 ans révolus, mais les entrepreneurs, qui connaissent la loi, ont toujours la précaution de se prémunir en Italie, en exigeant des parents mêmes de la victime un extrait de naissance d'un autre frère plus âgé. Si nous avions déjà soupçonné la chose à l'égard de pauvres enfants petits et chétifs qui n'avaient certainement pas l'air d'avoir 13 ans accomplis, nous pouvons aujourd'hui la dénoncer comme certaine. Nous avons connu, en effet, un petit enfant de 11 ans travaillant à Saint-Denis sous un autre nom, qui n'était pas même celui de son frère, et un garçon de 12 ans, à Choisy-le-Roi, qu'on avait embauché sous le nom de son frère aîné. Les entrepreneurs ne craignent pas les indiscrétions des enfants, parce que ceux-ci ne parlent que le patois, ne connaissent pas un mot de français et s'expriment très incorrectement en italien.

*
* *

Mais n'importe à quel âge, le pauvre enfant s'adonne avec ardeur et conscience au travail qui lui est imposé.

Rendons justice à ces obscurs petits ouvriers, fils d'un pays si injustement calomnié et méprisé. Constatons en passant que les métiers acceptés par les Italiens à l'étranger sont généralement refusés par les indigènes, qui les trouvent trop durs, et citons à ce propos l'observation de Charles Booth (1), que les ouvriers qui posent l'asphalte dans les rues des villes anglaises sont des Italiens, « parce que les Anglais disent que cette pose de matière chaude leur brûle les pieds » ! Et l'auteur ajoute que ces Italiens, non satisfaits de travailler ainsi de 57 à 66 heures par semaine, pour ne pas être inoccupés, vendent des glaces le dimanche ! Mais... un bon mot prime souvent la vérité et *il dolce far niente* est resté à l'étranger la devise de l'Italie !

*
* *

Quel est ce travail, et quelle est la condition des Italiens dans les verreries ?

Les entrepreneurs déclarent, sans même être questionnés, que les garçons sont embauchés pour des travaux qui ne requièrent pas de fatigues et d'efforts, par exemple, pour porter les bouteilles au four à recuire et pour faire, quand ils sont plus âgés, quelques cueillages de verre. Ils ajoutent que les petits Italiens y sont bien traités et que tout le monde les respecte.

(1) *Life and labour of the people of London*, 1896.

Rien de plus faux !

Nombre d'enfants que nous avons interrogés, nous ont répondu, quelquefois en la présence même du patron, qu'ils étaient employés, après avoir été *porteurs* et *gamins*, au travail du *grand garçon* pour souffler le verre.

Est-il besoin d'expliquer en quoi consiste ce dur métier?

Qu'il nous soit permis de demander comment ce travail, exécuté dans des ateliers mal aérés, dans une atmosphère rendue malsaine par les émanations des minéraux en fonte, au milieu d'une température de 80°, n'est pas interdit par les règlements de l'Administration publique comme excédant les forces d'un garçon de 13 ans!

Nous n'exagérons pas : écoutons les témoins.

La division du travail dans les verreries, affirment les ouvriers, a perdu sa tradition : les temps ont bien changé. « A présent » (nous citons le rapport présenté par les délégués de Carmaux et de Bousquet d'Orb, MM. Rauzier et Charpentier, au Ier Congrès international des verriers tenu à Fourmies, « *l'apprentissage est trop rapide dans notre corporation* ; on emploie trop souvent et trop tôt les garçons. Beaucoup d'enfants occupés dès la plus tendre enfance sont déformés par le travail et voient leurs membres s'atrophier. La loi défend, il est vrai, de cueillir du verre avant 14 ans, mais quantité de patrons la violent. » Et M. Pierre Vinay, délégué de la Chambre syndicale des verriers de Rive-de-Gier, ajoute : « Nous appelons aussi l'attention du Congrès sur le travail des enfants dans les verreries, où, malheureusement trop souvent, on leur fait faire un travail bien au-dessus de leurs forces et qui les tue avant l'âge. »

Aussi peut-on constater de nombreux et douloureux accidents ; les enfants portent en effet les traces de blessures et brûlures. Il est vrai que l'article 15 de la loi du 2 novembre 1892, oblige le chef de l'entreprise à en faire chaque fois l'objet d'une déclaration, mais les entrepreneurs se gardent bien d'en parler, dans la crainte que les autorités, émues à la vue du danger que courent ces jeunes garçons, ne leur défendent ce genre de travail. Et nous avons alors des cas, comme celui d'un petit enfant de Roccadarce, âgé de 13 ans, dont nous avons vu l'horrible brûlure au pied et que le patron n'avait pas voulu faire soigner par un médecin, en se contentant du remède empirique d'un *lavage au pétrole* !

*
* *

Mais il y a plus que les accidents fortuits du moment, il y a la ruine progressive et incomplète de leurs petits corps.

Nous ne parlons que pour mémoire des cannes dans lesquelles les ouvriers soufflent et qui, passant de bouche en bouche, constituent de dangereux agents de propagation de maladies contagieuses spéciales, en premier lieu de la syphilis.

Nous passons sous silence les éruptions douloureuses de vésicules et la vive démangeaison de la gale d'eau par suite de transpirations excessives provoquées par les boissons non alcooliques qu'ils avalent pour résister à la chaleur.

Nous ne discutons pas les conclusions auxquelles sont arrivés, après leurs études sur les verriers, les docteurs Ternisier, Du Mesnil, Lefranc, Deffeurez et Putegnat, déclarant que la forte chaleur (40°-80°) et la lumière très vive ne portent aucun préjudice à la vue. Il s'agit là d'études anciennes et qui n'ont eu pour objet que des hommes faits.

Le mal est bien plus grave. Le docteur Guelpa, l'éminent médecin de l'ambassade d'Italie à Paris, a bien voulu répondre à nos questions après un examen sérieux du sujet.

Le docteur Guelpa constate en premier lieu le danger d'affections pulmonaires auxquelles sont exposés ces petits garçons dans l'état habituel de transpiration, principalement en hiver. On ne peut pas attendre d'un enfant la prudence d'un ouvrier âgé et les pneumonies sont faciles à attraper si l'on n'y prend garde. Mais c'est surtout l'*emphysème pulmonaire* qui, d'après le docteur Guelpa, atteint ou menace les petits ouvriers dans l'effort qu'ils font pour souffler. C'est en effet à la suite de cet effort et de l'impression excessive de l'air inspiré dilaté par la chaleur que se produisent la dilatation et quelquefois la lacération des parois des cellules pulmonaires. De là des altérations graves du cœur (dilatation et hypertrophie), et alors ce pauvre corps est condamné pour toujours ! Nous n'avons pas réussi à nous procurer les statistiques de la mortalité de ces petits Italiens, mais les survivants, vrais cadavres ambulants, traînant péniblement leur vie, leur misère et leurs souffrances, en disent plus que n'importe quelle statistique.

D'après le témoignage d'un médecin napolitain, cité dans le rapport de l'année 1867, dressé par la Société italienne de bienfaisance à Paris, on calculait que sur 100 enfants des deux sexes qui quittaient alors leurs villages, amenés ici par les patrons, 20 seulement rentraient chez eux, 30 environ s'établissaient dans les différentes parties du monde, et 50 (cinquante !) succombaient aux maladies, aux privations de toute sorte et aux mauvais traitements. Si la mortalité de ces petits émigrants, qui restaient toujours au grand air, était alors de 50 p. 100, quelle est-elle aujourd'hui pour leurs successeurs dans des conditions si inférieures ? Le patron ne se soucie nullement des maladies de l'enfant. La doctrine humanitaire de Legree, dans la *Case de l'Oncle Tom*, est celle de tous les marchands de chair humaine. Qu'ils travaillent au-delà de leurs forces : il en coûte dans tous les cas moins pour remplacer celui qui meurt que pour l'épargner lorsqu'il est bien portant. S'il est gravement malade, on l'envoie à Paris ou à Lyon, pour le faire rapatrier aux frais de la Société de bienfaisance !

Les petits garçons italiens que nous avons vus dans les verreries de la Seine nous ont fait toujours une bien triste impression, pas seulement au point de vue physique, mais aussi au moral.

Ces petites plantes, privées d'air, languissent et s'étiolent dans l'atmosphère des ateliers. Ils sont hâves et décharnés avec de larges plaques rougeâtres, indélébiles, qui leur donnent un cachet particulier. Le développement est retardé : tout l'organisme est malade. Ils ont perdu, s'ils l'ont jamais connu, le sourire ! Le regard qu'ils lancent à leur « padrone », qui, selon le contrat, devrait être pour eux un autre père, est un regard de haine et de mépris ! Existence horrible de brute, dont témoignent aussi, si l'on ne veut pas prêter foi aux récits des enfants, les ecchymoses et les blessures de leurs corps !

*
* *

Leur condition, déjà si triste, est rendue plus dure encore par les mauvais traitements dont ils sont l'objet de la part des ouvriers indigènes.

Il nous répugne (et le lecteur français comprendra aisément notre hésitation) de relater ici la façon avec laquelle ces enfants sont traités par les ouvriers âgés. On a dit, avec beaucoup de vérité, que ce que l'homme a le courage de faire, l'homme n'a pas le courage de l'entendre raconter. Qu'on nous permette toutefois cette digression nécessaire. L'*homo homini lupus* triomphe ici dans toute son horreur. « Les patrons tolèrent la brutalité de leurs employés envers les enfants », dit un ouvrier, M. Pibert, délégué de la Chambre syndicale des verreries de Saint-Galmier. Un jeune ouvrier italien de 16 ans, fils d'un petit commerçant établi à Saint-Denis depuis quelques temps et qui est resté un mois seulement à la verrerie, à cause de la dureté du travail, nous racontait qu'il s'était embauché en se disant Picard, pour ne pas être traité en Italien. Les causes de cette haine s'expliquent avant tout par les conditions spéciales de l'industrie verrière, où, comme l'a bien fait observer M. Durassier (1) les coutumes des anciennes corporations sont encore vivaces. Il faut faire aussi la part du dégoût que l'ouvrier français conçoit pour une race qu'il considère comme inférieure. Ces petits sont pour eux comme des bêtes, des animaux sales et immondes ; c'est à cause d'eux et de leurs compatriotes, que les gains des ouvriers français, au lieu d'être augmentés, sont diminués. Dans ces apprentis, ils voient aussi de futurs ouvriers, qui, comme à Choisy-le-Roi, sont prêts à l'âge de 18 ans à faire la même besogne pour 100 francs par mois, causant ainsi le renvoi des Français qui étaient engagés à

(1) *Le repos du dimanche dans les verreries*, Paris, 1887.

140. Il n'y a pas longtemps, les chefs des établissements étaient astreints à cet apprentissage des enfants de leurs ouvriers que la corporation des verriers impose si strictement aux patrons, là où elle a gardé ses traditions, comme à la vieille Loye (Jura). Mais les circonstances atténuantes n'effacent pas les faits des tortures et des infamies exercées comme au Bas-Meudon et à la Plaine-Saint-Denis envers ces pauvres enfants ; c'est un bien triste sujet que nous n'effleurons qu'en passant, préférant attribuer ces haines à quelques ouvriers, ivres ou méchants.

***

Le pain de l'âme leur manque même plus que celui du corps.

Les enfants, Gœthe l'a dit si bien, ont comme les chiens un flair si fin et délicat qu'ils dénichent et découvrent tout, mais avant tout, ce qui est mauvais, si l'éducation et le bon exemple ne leur viennent pas en aide. Dans le cas présent, malheureusement, l'éducation manque absolument, et le bon exemple fait complètement défaut. Les patrons ont bien d'autres soucis que celui de l'éducation morale de ces enfants ; au contraire, bien souvent, le dimanche, on envoie ces petits garçons mendier dans les rues de Paris pour augmenter ainsi les recettes !

Honneur à ces pauvres religieuses et à ces bons pères Barnabites qui vont quelquefois porter à ces créatures infortunées la parole qui réconforte dans l'espoir d'un monde meilleur !

*
* *

Mais les dix heures au moins de travail de la verrerie sont terminées. L'enfant quitte l'établissement pour rentrer chez lui. Suivons-le. Il a bien mérité un bon repas. Cédons ici la parole à M. Duchesnel, juge de paix à Givors, qui a étudié consciencieusement la question pour ce qui regarde les petits verriers italiens du Rhône. Voici ce qu'il écrit dans son exposé à M. le Procureur de la République à Lyon :

« La base de la nourriture de ces enfants est la soupe aux légumes et le pain ; à cela il faut ajouter un peu de fromage et un peu de vin, mais pas de viande. Voulant me rendre compte par moi-même de la nourriture de ces enfants, je me suis rendu à la verrerie Neuvesel, à midi, heure du repas des ouvriers, et j'ai constaté que les enfants italiens qui y travaillaient n'avaient pour leur dîner qu'une soupe aux pommes de terre et aux choux avec un morceau de pain, et, comme boisson, de l'eau. Le pain ne paraissait pas mauvais, mais la soupe m'a semblé bien maigre ou dépourvue de toute espèce de matière grasse. »

Mais la description de M. Duchesnel remonte à l'âge d'or, parce qu'aujourd'hui la nourriture de ces enfants est pire encore, et les *padroni*, pour ne pas montrer aux indiscrets quel genre de repas ils donnent aux petits, ont préféré les faire manger (!) à la maison tous ensemble. Nous n'avons pas réussi à assister à ces « agapes », mais les enfants nous en ont raconté les horreurs. Les entrepreneurs, s'ils sont généreux, dépensent pour eux de 25 à 40 centimes par jour pour chacun : il y en a aussi, et nous en connaissons, qui, avec deux francs, nourrissen 13 enfants. Un entrepreneur, exaltant devant nous l'hygiène des repas qu'il donnait aux petits, avait bien raison d'ajouter qu'ils ne souffrent jamais d'indigestion ! Ces enfants sont habitués, du reste, à ce genre de régime dès qu'ils sont passés dans les mains des *padroni*. Pendant la traversée de Naples à Marseille, on ne leur donne que du pain, des oranges et de l'eau.

L'autorité, du reste, n'ignore pas cet état de choses, et aux témoignages du magistrat de Givors, nous pouvons ajouter celui du juge d'instruction au tribunal de 1re instance du département de la Seine, qui s'exprime de la même façon que son collègue du Rhône.

Certes, avec les salaires mesquins gagnés par ces enfants, les entrepreneurs ne peuvent pas faire de miracles, mais il est, d'autre part, hors de doute qu'ils pourraient adopter un régime plus doux et plus abondant sans cesser d'avoir un gain considérable. Le juge de paix de Givors, dans une autre lettre, adressée à la date du 26 mai 1875 au Procureur de la République à Lyon, l'informait qu'il avait convoqué les entrepreneurs des petits Italiens à Givors pour les obliger, sous peine de toutes les rigueurs de la loi, à mieux traiter leurs pupilles, pour tout ce qui concernait l'habillement, le logis, et surtout la nourriture. M. Duchesnel leur imposa, à cette occasion, une liste de mets suggérée par un médecin de Givors comme suffisants, et qui consistait, pour chaque jour, en 300 grammes de viande, y compris 100 gr. d'os, 750 grammes de pain et 500 grammes de pommes de terre. Ce régime représentait à Givors une dépense de 70 centimes à peu près, pendant que ces enfants en gagnaient plus que le double. Le résultat de cette entrevue fut que deux des entrepreneurs quittèrent sur-le-champ Givors pour se rendre ailleurs avec leurs victimes.

En résumé ces enfants ne sont pas nourris comme ils devraient l'être étant donné le travail qui leur est imposé. La nourriture qu'ils ont ne serait peut-être pas insuffisante dans leur pays, en vivant au grand air, mais elle l'est tout à fait pour un travail dans une verrerie, où il faudrait des aliments bien plus substantiels.

*
* *

Si la nourriture laisse tant à désirer, le logis est peut-être plus déplorable encore !

Nous avons vu la maison de la Plaine Saint-Denis adjacente à la verrerie, où habite un de ces exploiteurs d'enfants. Le peuple l'appelle « Cour des miracles » et jamais nom n'a été donné avec plus de raison. On nous avait indiqué vaguement le site. Les haillons sales flottant, triste pavillon, tout autour de la cour, nous ont dit que c'était là qu'habitaient nos compatriotes !

Renonçons à faire la description de ce cul-de-sac puant et boueux ! Ce coin d'un des faubourgs de Paris nous rappelait d'une manière étrange le quartier italien de Holborn, à Londres. Les deux paysages avaient le même ton et, dernier trait de ressemblance entre les deux tableaux, nous retrouvons au milieu de la cour le même immonde ruisseau noir !

Les pièces qui servent de dortoir sont basses, obscures, humides : la fétidité et la saleté y règnent en souveraines. Les lits, très souvent des caisses, ne sont pas nombreux. Les enfants en effet couchent 3 et 4 par lit. Les paillasses sont mauvaises, peu remplies de paille, et toujours imprégnées d'humidité. Les draps n'existent pas : pour se préserver du froid, ils ont rarement des couvertures, le plus souvent des haillons dont ils s'enveloppent ! Règle générale : ils n'ont pas de vêtement de rechange. Les enfants nous ont raconté qu'au moment de quitter la maison paternelle, les mères veulent leur faire emporter un peu de linge et quelques habits, mais que les entrepreneurs, préférant naturellement une armée sans bagages, s'y opposent toujours, disant aux parents qu'en France l'on s'habille autrement (*In Francia non costuma*) et qu'ils achèteront tout le nécessaire à l'arrivée ! Tandis qu'au contraire, nous le répétons, les pauvres petits ne possèdent que les misérables guenilles qu'ils ont sur eux. Pendant l'hiver ils couchent généralement sans se déshabiller. Pendant la saison chaude ils lavent, il est vrai, quelquefois le dimanche, leur linge sale, mais la propreté du corps est absolument ignorée ! Michelet observait qu'entre l'époque de la civilisation romaine et celle d'aujourd'hui et où l'on revient à l'amour de la lumière, de l'eau et de la propreté, il y a eu dix siècles pendant lesquels aucun homme et aucune femme n'éprouvèrent jamais la sensation d'un bain ! pour les petits Italiens, le moyen âge n'est pas terminé. Il est vrai, pour leur excuse, que les entrepreneurs ont aussi l'horreur de l'eau.

*
* *

A combien s'élève le nombre de ces enfants employés dans les verreries françaises ?

Nous n'avons pas la prétention de dresser ici une statistique exacte de ces malheureux. La tâche aurait été plus que difficile, impossible, la plupart de nos enquêtes étant demeurées sans réponse. Les propriétaires des usines ont considéré naturellement nos questions comme indiscrètes. Nous avons dû recueillir autrement et comparer entre eux, en les contrôlant, les chiffres toujours différents et si souvent fantastiques qui nous ont été fournis.

Pour ce qui concerne les deux départements du Rhône et de la Loire, on peut estimer à 1.300 au moins les Italiens mineurs embauchés dans les verreries de Lyon, Grosse-Mouche (5 fours), et Mulatière-lez-Lyon (2 fours), Givors, Oullins, Saint-Étienne (verrerie de la Gare avec 7 fours), Rive-de-Gier (la véritable capitale verrière, avec 11 établissements), Vals, Saint-Galmier, Andrézieux (2 fours), etc.

Dans le département de la Seine, que nous avons pu étudier de plus près, les petits verriers employés à Bas-Meudon, Choisy-le-Roi, la Plaine-Saint-Denis, Pantin et aux Quatre-Chemins, sont à peu près 150. Notons entre autres la verrerie Legras (6 fours) à la Plaine-Saint-Denis avec 37 Italiens, la verrerie Houdaille à Choisy-le-Roi avec 30, la verrerie Verdy aux Quatre-Chemins avec 26. Une famille de dix enfants se trouve réunie au Bas-Meudon.

Dans le nord de la France (Aisne) il y en aurait aussi quelques dizaines, mais cette information n'a pu être contrôlée; dans le Sud et dans l'Est ils sont plus nombreux (à Épinal, Montferrand, Alais, Vierzon, etc., — départements du Doubs, du Gard, de Saône-et-Loire et du Cher). On nous a affirmé aussi l'existence de quelques petits verriers italiens dans la Gironde.

Nous avons relevé le chiffre de 1.600 à 1.700 petits Italiens employés dans les verreries, sans compter le nombre considérable de ceux qui ont échappé à notre contrôle !

CHAPITRE II

LA TRAITE DES JEUNES FILLES ITALIENNES.

> Pauvre femme ! souffre-douleur,
> pis encore... souffre-plaisir.
>
> d'HOUDETOT.

Les hontes de l'émigration de Casalvieri, Casalattico et Belmonte Castello, centres de la traite des enfants italiens à l'étranger, ont été confirmées par l'enquête faite dernièrement par M. Hugo Cafiero, dans les environs de Sora et d'Isernia. Si toute la presse des deux côtés des Alpes s'est occupée et s'occupe encore de ce commerce des petits garçons, l'attention s'est détournée, par contre, d'une autre plaie peut-être plus douloureuse et plus profonde sur laquelle le courageux délégué de l'Œuvre de l'Assistance aux ouvriers italiens à l'étranger avait cependant mis le doigt. On se rappelle ses révélations à cet égard. Ces régions de triste renom mondial ajoutaient à l'émigration « l'article femmes pour la plus basse prostitution à l'étranger ». Lamentable aveu : l'Italie ne se bornait pas au trafic des petits garçons : elle faisait en outre œuvre commune avec tant d'autres pays pour se livrer à la traite des blanches, à l'infâme négoce de la turpitude féminine !...

*
* *

La traite des femmes !

Il est hors de doute que ce sujet fut jusqu'à ces tous derniers mois fort peu étudié en Italie.

Il faut en chercher les raisons dans le fond égoïste de la nature humaine.

Les classes qui pensent et qui écrivent souffrent-elles de cette plaie ? Non, elle ne concerne pour ainsi dire exclusivement que la fille du peuple. Quoi d'étonnant par conséquent que, comme le faisait déjà remarquer d'Haussonville en parlant de la question des salaires de la femme, tous, auteurs dramatiques, romanciers, publicistes, aient trouvé des thèses bien plus nobles à développer au lieu de s'intéresser à des problèmes si peu à la mode !

La fausse éducation moderne basée sur la sensibilité dédaigneuse et sur l'hypocrisie élégante s'applique trop souvent à nous mettre un bandeau sur les yeux et un bâillon sur la bouche ; il ne faut ni voir ni parler, parce qu'il convient de ménager certaines pudeurs plus ou moins proscrites ! On crie que la presse s'est transformée en clinique et l'on impose à la vérité, si elle veut sortir de son puits, l'obligation de se voiler impudiquement parce que sa chaste nudité offenserait le regard et ferait rougir ! Ce qui triomphe, c'est l'affectation de la pruderie mondaine, quand nous sommes très convaincus que la prude n'est pas en règle générale l'honnête femme, mais en réalité celle qui veut se faire passer pour telle.

Les Italiens pèchent peut-être plus que tout autre peuple par leur indifférence à l'égard des questions les plus vitales. Et pourtant ils font beaucoup moins que les Anglo-Saxons preuve de timidité de langage. Comment expliquer alors le silence gardé sur la traite des blanches ? Car aucun de nos périodiques n'a encore osé ouvrir la discussion à ce sujet ! Cette conspiration du silence a d'ailleurs été si bien menée que nous avons vu l'un de ceux qui ont étudié le plus attentivement les maux de notre émigration, Monseigneur Bonomelli, forcé de reconnaître qu'il n'avait jusqu'ici entendu parler que par hasard à l'étranger de cette traite des petites filles qui aurait lieu en Italie, en Allemagne et en Russie, et dont il n'avait pu contrôler l'exactitude (1).

Entre temps le mal s'accroît de jour en jour et le nombre des victimes du trafic criminel augmente

(1) Voir *Tre mesi al di là delle Alpi* (Trois mois au delà des Alpes) par Mgr Bonomelli, p. 124, note.

d'une manière inquiétante. Le silence n'est-il pas dans ces conditions vraiment coupable ? Et qui donc oserait soutenir que les convenances doivent faire accorder dans les cas dont il s'agit toute impunité à quelques misérables et taire les hontes, uniquement parce qu'il n'est pas bienséant de faire mention de cette douloureuse morbidité dans les réunions de bon ton ?

La France, l'Angleterre, l'Allemagne n'ont pas craint de découvrir leurs plaies : pourquoi nous obstiner à cacher les nôtres ?

*
* *

La traite des blanches doit être avant tout considérée comme une question d'ordre international, parce que tous les pays, ou presque tous, en souffrent à des degrés divers.

Quant à dire depuis combien de temps sévit ce virus social, il n'est pas possible de le préciser. C'est un mal qui a dû couver d'année en année en se cachant avec un soin jaloux, à l'époque où un tout petit nombre de cas parvenaient seulement à la connaissance du public et où on les croyait simplement sporadiques. L'Angleterre, à qui appartenait déjà la gloire d'avoir inauguré la campagne contre la traite des nègres, peut aussi revendiquer le mérite d'avoir la première dévoilé les ignominies secrètes de la nouvelle traite en diagnostiquant franchement la maladie pour en étudier les remèdes. En 1879, M. Dyer attira l'attention du public sur le commerce des jeunes filles anglaises expédiées à l'étranger pour repeupler les maisons mal famées du continent et, en particulier, celles de la France et de la Belgique. Exposées sans fausse rhétorique mais avec la simple éloquence des faits, *facts nothing but facts*, les révélations de M. Dyer provoquèrent une bienfaisante agitation dans laquelle se signalèrent Benjamin Scott, W. T. Stead et lord Dalhousie. Les Chambres, sous la pression de l'opinion publique, furent invitées à s'occuper de la protection à accorder aux jeunes filles du Royaume-Uni.

Mais la question resta purement d'ordre privé et confinée exclusivement dans la Grande-Bretagne jusqu'en 1899, c'est-à-dire jusqu'au moment où intervint la *National Vigilance Association and Central Vigilance Society* dont le secrétaire était M. Coote, le nouveau Wilberforce de cette nouvelle traite. Alarmée de l'extension du mal au-delà des frontières britanniques et comprenant la nécessité de prendre des mesures d'accord avec les autres États, cette Association convoqua un Congrès international qui se réunit à Londres sous la présidence du duc de Westminster, le 21, 22, 23 juin de la même année. Presque toutes les nations européennes, à côté de la Grande-Bretagne, s'y trouvèrent représentées : l'Autriche, la Belgique, le Danemark, la France, l'Allemagne, les Pays-Bas, la Russie, la Suède et Norvège, la Suisse, ainsi que les États-Unis. L'Italie, quoique invitée, s'abstint.

* * *

Le Congrès de Londres révéla la gravité de la situation. Les délégués des divers pays exposèrent de nombreux faits, tous tristement douloureux dans leur monotonie. Il s'agissait toujours d'un nouveau crime d'une physionomie particulière qui ne présentait ni les caractères du rapt ni ceux du proxénétisme, tout en ayant le même but. Des jeunes filles innocentes étaient astucieusement attirées et ignominieusement trompées par de faux renseignements et d'insidieuses promesses.

On publiait des annonces dans les journaux ; on offrait de vive voix ou par lettre des emplois d'institutrices, de femmes de chambre, de gouvernantes de petits enfants à des conditions particulièrement avantageuses et toujours avec le voyage payé. Dans ce piège tendu à leur ingénuité, tombaient les malheureuses qui étaient aussitôt livrées sans pitié aux infamies de la prostitution.

Certains grands ports de l'Atlantique, de la Baltique et de la Méditerranée prenaient l'aspect tragique qu'avaient au temps d'Hérodote les marchés de la capitale de la Chaldée, où venaient de tous les pays se déverser des convois de bétail humain. Des agences secrètes, organisées savamment comme des camorras, des associations anonymes mystérieuses comme le tribunal vehmique de Dortmund, s'étaient instituées dans plusieurs pays pour tirer le plus de lucre possible de ce trafic et le pratiquer de manière à éluder toute vigilance.

On avait pu voir à une certaine époque la Compagnie portugaise de la Guinée, en vertu d'un acte authentique, s'obliger vis-à-vis du roi d'Espagne à fournir aux Indes orientales *dix mille tonnes de nègres* ; de même les agences qui faisaient la traite des blanches pouvaient elles aussi, comme si elles avaient été en possession d'une autorisation en règle, passer, à l'aube du vingtième siècle, des contrats avec les maisons de prostitution du monde entier pour les pourvoir d'un nombre quelconque de personnel, de nationalité, de type et d'âge à déterminer.

Et avec quel raffinement d'art diabolique, cette nouvelle traite était ourdie ! Les pauvres victimes s'expédiaient généralement de leur pays d'origine dans des contrées lointaines où le manque de moyens d'existence, l'ignorance de la langue et le triste isolement moral les obligeraient à s'adonner tôt ou tard au métier du vice.

Pour le trafiquant, nul danger de réclamations ou de plaintes : la pudeur offensée de la femme et les sots préjugés sociaux imposaient à ces infortunées un rigoureux silence, sur leur sort ; trop heureuses si elles pouvaient de loin tromper leur famille crédule sur leur véritable occupation.

Si, pourtant, dans quelques circonstances très rares, une nature plus forte se révoltait et demandait justice aux tribunaux, les efforts des magistrats, en dépit de leur bonne intention, se heurtaient à la difficulté de mettre la main sur les coupables, pleinement à l'abri au delà des frontières. Et les cas d'arrestation de ces criminels étaient d'autant moins fréquents qu'à tous les autres obstacles se joignait pour les victimes la connaissance imparfaite des lois du pays où elles se trouvaient.

*
* *

Ces faits odieux avec toutes les horreurs qui les accompagnaient furent livrés au grand jour par les travaux du Congrès de 1899 et par ceux de la Conférence internationale d'Amsterdam, en 1901 (1), qui compléta l'enquête.

La traite des blanches semble, dans son organisation et dans son développement, avoir été calquée sur celle des nègres.

De même qu'autrefois sur les marchés d'Angola, du cap Vert et de Minas, le consommateur oriental et occidental trouvaient l'article qu'ils préféraient, tel pays demandant exclusivement des esclaves Fertits ou Kredjes, tel autre ne voulant pour des raisons diffé-

(1) Cette conférence eut lieu le 3 et le 4 octobre sous la présidence du pasteur Peirson. L'Italie y prit part et y fut représentée par le docteur Garofalo, l'ingénieur Turin et la femme de ce dernier.

rentes que l'*ébène* de l'Ousagara et de l'Ongogo, de même, aujourd'hui, les diverses qualités d'*ivoire* européen ont leurs acheteurs distincts sur le marché mondial.

Un tel donne sa préférence à l'article français, un autre ne recherche que le produit anglais. Il y a des places où l'on ne met en vente que la marchandise expédiée d'Italie. Il y en a qui n'acceptent que la provenance allemande. Une cote analogue à celle de la Bourse établit le prix selon les pays. Mais il y a un article qui se tarife au même taux partout. Comme par une compensation ironique du mépris où l'on tient les Sémites, la jeune juive est préférée à toute autre sur ces marchés de chair humaine. La correspondance saisie des trafiquants et le grand nombre de leurs victimes dans les tribus d'Israël démontrent à l'évidence que l'Ivanhoe moderne préfère Rebecca à lady Rowena (1). De même, en Russie, où l'antisémi-

(1) Ces faits avaient, il est vrai, été déjà signalés par le comte de Moltke dans la discussion du comité de Berlin. Conscients de la gravité du mal, les grands rabbins de Berlin, Rome, Paris, Hambourg, Vienne, adressèrent, dès 1898, un monitoire à tous les rabbins et administrateurs exerçant le rabbinat, pour les inviter à recommander aux parents de ne pas confier leurs filles à des personnes de réputation suspecte, qui, en leur promettant de bonnes situations, cherchaient à les éloigner de la maison paternelle. Cette lettre monitoire enjoignait en outre aux rabbins d'exclure sans pitié de la communion des fidèles, tout individu pratiquant la traite. Elle ordonnait aux coreligionnaires de rompre avec eux tous rapports. Combien il serait utile et opportun que des restrictions semblables fussent données par les clergés catholique et protestant, qui emploient au contraire toute leur activité à discuter des questions rituelles ou liturgiques.

tisme sévit avec le plus de férocité, et où d'autre part les lois interdisent l'entrée aux femmes israélites, cette importation est des plus florissantes, les négriers ayant trouvé le moyen de faire baptiser des esclaves blanches par un pasteur de Hambourg, afin de les introduire en Russie sous le pavillon chrétien, en leur donnant de faux actes d'identité (1).

*
* *

Quelle est la position de l'Italie dans ce grand tableau ? Quel champ offre-t-elle à la traite ?

L'Italie sert avant tout, pour la traite des blanches, de pays de transit, grâce à sa situation géographique et à l'esprit libéral de ses lois.

Dans la conférence prononcée par un ardent philanthrope, M. Ferdinand Dreyfus, le 16 novembre 1901, à la *Société des prisons*, sur les travaux du Congrès hollandais, l'orateur a dénoncé le port de Gênes comme le plus important pour l'embarquement de la marchandise destinée à l'Amérique du Sud. On éva-

(1) Bebel l'a affirmé au Reichstag. Il est juste d'ajouter que le Sénat de Hambourg assure que les dires du chef socialiste sont tout à fait fantaisistes. Quant à l'exportation sémitique russe qui part du port d'Odessa, elle a été prouvée par un rapport officiel de la gendarmerie de cette ville au ministère des Affaires étrangères russes, en date du 12 décembre 1896. Une partie des victimes était dirigée sur l'Angleterre, une autre sur l'Amérique. Le consul russe à Buenos-Ayres estimait à 1.500 le nombre des prostituées russes, *presque toutes Israélites*, logées dans les maisons de tolérance de cette ville ; et il évaluait le prix de ces malheureuses de 300 à 500 roubles, soit de 750 à 1.250 francs.

lue à 1.200 têtes le bétail humain chargé ainsi dans notre plus grand port et provenant en grande partie de l'Autriche-Hongrie, de la Pologne, de l'Allemagne et aussi de la France. L'importance du port de Gênes, comme point d'embarquement international, a du reste été reconnue par le gouvernement allemand, lorsque par l'organe du baron von Dirksen, il a demandé dans la discussion du comité allemand (25 février 1899) qu'à bord des vapeurs faisant le service entre l'Italie et l'Amérique du Sud, on fasse afficher des avis en toutes langues mettant les jeunes filles en garde contre les manœuvres des proxénètes (1).

Ces jeunes filles ont de 16 à 25 ans. Elles partent par groupes de cinq, huit ou dix par bateau et se disent domestiques ou servantes de brasserie (*kellnerinnen*); si quelqu'un les interroge sur les motifs de leur voyage, elles affirment ne pas être victimes de procédés de détournement. Elles sont d'ailleurs escortées par un chaperon plus âgé, mais le plus souvent par un individu du sexe masculin. Celui-ci se fait dans beaucoup de cas passer pour le mari de l'une d'elles et pour le parent des autres. Les commis

(1) Les données fournies par M. Dreyfus sont empruntées à un rapport du commissaire Malnale, qui a étudié la question depuis plusieurs années. Le chiffre de 1.200 est celui qui figure dans la note française présentée par le comité italien à la Conférence. Ce chiffre est inférieur à celui donné dans la *Tribuna* du 7 août 1901, par le docteur Garofalo qui parle, au contraire, mais en puisant à la même source, de *plusieurs milliers* de femmes partant chaque année de Gênes.

voyageurs des maisons mal famées de l'Amérique du sud, qui ont Gênes pour point d'embarquement, ne sont pas plus d'une douzaine. Pour ne pas être trop facilement reconnus, ils se servent souvent d'un homme à leurs gages qui accompagne le chargement. A Genève, il y a, écrit un M. Armand à l'*Arbeiter Zeitung*, deux hôtels où *un chargement de chair humaine est toujours prêt à être expédié au premier avis.*

*
* *

Mais l'Italie ne se borne malheureusement pas au commerce de transit, elle exporte aussi en abondance la marchandise nationale. La traite des Italiennes avait déjà été signalée, il y a plusieurs années, par un de nos regrettés compatriotes mort glorieusement dans la dernière guerre turco-grecque. Dans son journal, *Il Dovere* (Le Devoir), Fratti, dès 1881 (1), dénonçait l'existence d'un office borgne d'émigration napolitaine qui avait son siège *Via del Paradiso alla salute* et qui faisait régulièrement la traite des jeunes Italiennes pour l'Égypte. La correspondance saisie dans cet office contenait plusieurs lettres de trafiquants du Caire et d'Alexandrie qui demandaient des blondes à la taille fine. Celles qui étaient recrutées recevaient de faux passeports (2) ; on les expédiait de Naples

(1) Cfr. *Dovere* du 27 février 1881.

(2) La délivrance d'un faux état civil aux jeunes filles dont il s'agit est couramment en pratique dans la traite.

à Messine et de là en Égypte. L'existence de cette ignoble spéculation fut amplement démontrée par les nombreux faits que publia la presse italienne en 1888, quand il y eut comme une lueur de résipiscence hélas ! trop tôt évanouie.

Aujourd'hui, pour laisser de côté l'histoire du passé et ne nous occuper que du présent, nous pouvons affirmer, en nous appuyant sur les rapports de la police et sur les documents consulaires, de même que sur les témoignages de particuliers, que le mal s'est développé aussi bien au nord qu'au sud de la péninsule. Mais les deux régions fournissent des catégories de trafic différentes : d'une part, les jeunes filles de l'Italie septentrionale sont expédiées par voie de terre en d'autres pays d'Europe, et quand on les destine à l'Amérique, on les embarque dans des ports étrangers. D'autre part, les femmes fournies par l'Italie méridionale sont dirigées, au contraire, pour la plus grande partie, sur l'Afrique et embarquées dans les ports italiens. La Sicile envoie ses victimes en Tunisie et les provinces napolitaines, notamment celle de Bénévent, pourvoient l'Égypte. Le prétexte est toujours le même ; un bon poste de modiste, de repasseuse et spécialement de *servante*. Dans ce dernier cas l'entremetteur ne ment pas, car il ne sait que trop à quoi la malheureuse *servira* ! L'émigration de l'Italie du sud est la plus nombreuse, la plus connue et la plus ancienne, sans qu'on puisse s'expliquer comment ce honteux commerce a pu être florissant pendant tant d'années. D'aucuns croient — et le baron de Castelnuovo, qui a fait un très long séjour en Tunisie, est de cet avis — qu'il y a une action combinée, une commune entente avec la Maffia et la Camorra, mais cette hypothèse, ingénieuse à vrai dire, ne peut jusqu'ici invoquer aucune preuve.

*
* *

Pour suivre notre douloureuse émigration dans ses différentes directions, nous n'avons qu'à accompagner, lorsqu'il s'agit de l'Afrique, les femmes du Midi expédiées vers ce continent. Les points extrêmes de ce courant sont: Naples, Messine, Catane, en Italie; Tunis, Alexandrie, Port-Saïd, en Afrique.

L'île de Malte, tout en étant un foyer de notre trafic (1), sert plus souvent aux proxénètes d'escale de fausse route pour éluder la vigilance de la police. Ils partent, par exemple, de Naples, en feignant d'aller à Tunis et en prenant un passeport pour cette ville. Mais, arrivés à Malte, ils s'embarquent sur un des vapeurs marchands qui font route vers l'Égypte et ils débarquent ainsi à Alexandrie et à Port-Saïd. Si autrefois à Alger on trouvait des traces de cette traite d'Italiennes, l'odieux marché n'y est par contre plus alimenté aujourd'hui par nous. Le recru-

(1) Toutes les malheureuses qui se livrent à la prostitution dans cette île sont Siciliennes, principalement de Catane et de Messine. Il y en a plus d'une centaine dans cette localité si restreinte.

tement des blanches se fait par le département d'Alger en France, par celui d'Oran en Espagne, et c'est seulement par le département de Constantine qui est quelque peu isolé, que l'on fait passer les Italiennes destinées au métier infâme. A Tunis, au contraire, le commerce s'exerce et fait son chemin plus avantageusement, si l'on peut ainsi parler, et il existe encore plus qu'à Tunis en Égypte, centre important de la traite italienne. Les navrantes scélératesses et les graves scandales de ce trafic au Caire ont été signalés, à plusieurs reprises, par notre Consulat dans cette capitale. Ils ont donné lieu à deux procès criminels importants, suivis de condamnations, de fermeture des lupanars et d'expulsion de l'Égypte d'un certain nombre de souteneurs et des femmes leurs complices. De même à Alexandrie, où le fléau sévissait avec non moins de violence, il y eut, voici plusieurs années, des procès et des condamnations, mais à quoi servirent ces rigueurs, puisque aujourd'hui l'infection a reparu dans des conditions encore pires ?

Nous ne mentionnerons qu'en passant, avant de quitter le continent africain, le pays où la traite européenne était la plus florissante : le Transvaal. L'importation des petites filles italiennes dans ces régions n'était que très rare. Le grand contingent y est fourni par les Françaises principalement, c'est-à-dire par ce que les cyniques appellent l'*article de Paris* et par les Anglaises.

*
* *

Mais toute l'émigration féminine de la basse Italie ne se déverse pas en Afrique. La surabondance des Italiennes en Égypte a obligé les trafiquants à diriger leur cargaison vers d'autres rivages.

Depuis quelques années les joueurs d'orgue, outre la traite régulière des enfants, ont transporté à l'étranger des petites filles qui dansaient parfois aux sons de l'instrument et étaient chargées des travaux du ménage. Le *padrone* n'attendait pas que le fruit fût mûr, et la pauvre victime, dont il avait commencé par abuser indignement, était vendue au plus offrant! Le métier de joueurs d'orgue à la faveur duquel on faisait cette traite ayant été vivement combattu, la profession nouvelle qui servit à masquer les manœuvres honteuses de ces impresari de chair humaine fut celle des modèles. Aujourd'hui l'astuce diabolique a su trouver quelque chose de mieux : la sainteté du mariage mise au service de la traite.

Dans quelques régions de la Terre de Labour, et ici nous citons ce que rapporte un de nos journaux les plus autorisés, on a découvert des individus qui épousent les belles paysannes de l'endroit pour les conduire ensuite à Londres où tout est préparé pour spéculer sur leur virginité (1). Si dans la haute Ita-

(1) Cfr. *Corriere della sera*, 20 novembre 1901. De même en Russie (voir le rapport de la gendarmerie d'Odessa du 12 décembre 1896) on

lie ce dernier système n'est pas encore adopté, du moins à notre connaissance, cela ne veut pas dire que les reptiles qui opèrent dans le Nord montrent plus de scrupules que leurs collègues du Midi. Ce n'est qu'une question de différence de milieu, de coutumes, d'éducation qui rend plus facile la vente des enfants dans le Midi, tandis que la traite des femmes y rencontre plus d'obstacles, parce qu'elles sont moins libres de leurs actions et de leurs mouvements. Dans le nord de la péninsule au contraire, le recrutement des femmes se fait beaucoup plus facilement, parce qu'on les leurre avec des promesses, vraies ou supposées, de travail à l'étranger, en Autriche, en Suisse, en Allemagne, et spécialement en France.

*
* *

La grande sœur latine qui reçoit notre douloureux tribut de jeune sang italien souffre encore plus que nous de ce mal honteux.

L'intérêt que ne cesse d'inspirer aux Italiens tout ce qui est français, et les étroites relations de ce néfaste commerce d'importation et d'exportation entre les

cite des cas d'Israélites qui ont épousé de belles paysannes pour les vendre et revenir, eux ensuite, après un certain temps au pays en faisant mentionner dans les passeports que « la femme est restée à l'étranger ».

deux pays, nous imposent l'obligation de nous écarter ici quelque peu de la régularité scrupuleuse de cette étude pour examiner les caractères particuliers que présente la traite des blanches en France. Cette digression ne sera du reste pas inutile, car la traite française offre des ressemblances frappantes avec celle d'Italie.

On connaît le mot souvent répété que *si les femmes sont partout les fleurs de la nature, c'est la France et Paris surtout qui reçoivent leurs plus douces exhalaisons*. Sans nous perdre en controverses sur la beauté féminine dans les divers pays et principalement dans le nôtre, il n'y a point de doute que la Française a une renommée mondiale supérieure à toute autre pour l'esprit et la grâce. Aussi n'est-il pas étonnant que, Paris étant le plus grand centre d'attractions des étrangers, les marchands de chair humaine aient tourné vers la France leurs efforts plus que partout ailleurs. Et ces efforts n'ont malheureusement pas été perdus. *La famille Martial*, d'Eugène Sue, s'écrie douloureusement un écrivain français, a trop de descendants et de collatéraux ! Et la mauvaise plante a enfoncé si profondément ses racines, que le sénateur Bérenger, s'adressant à la *Société des Prisons*, a dû avouer avec tristesse que, surtout dans les grands centres, beaucoup de petites filles ne partent pas ignorantes du sort qui les attend mais acceptent volontairement, ce changement de vie, parce qu'elles sont déjà physiquement et moralement corrompues. Parmi les recrues de la douloureuse armée il y a des petites filles de 14 ans (1) !

Dans ce commerce, du reste, il ne faut pas employer tant de subterfuges; on agit effrontément : l'ancien chef de la police, M. Goron (2), nous parle d'un café bien connu où se réunissent ces « marchands de viande », sorte de Bourse infâme, dont la cote varie chaque jour suivant la demande.

M. Coffignon (3) nous indique les cabarets et les bars fréquentés par les souteneurs comme leur lieu ordinaire de rendez-vous. Une partie importante de ce commerce est représentée toutefois par certaines agences louches de placement de domestiques qui promettent aux jeunes filles de belles et honorables positions.

Octave Mirbeau, dans un de ses livres les plus forts, a décrit ces bureaux de placements, vraie « foire d'esclaves », « étal de viande humaine », mais le cadre est rendu encore plus triste par la présence des racoleuses (4) qui, semblables aux hyènes autour des

(1) Voir le journal *la Fronde* du 18 février 1901, qui a signalé cinq cas de petites filles parisiennes de 14 à 15 ans disparues sans laisser aucune trace. Ce phénomène nouveau de l'abaissement de l'âge pour le recrutement de la traite ne s'explique que par la perte de l'esprit de famille, conséquence de la loi du travail qui tient trop souvent la mère séparée de ses enfants.

(2) *Le Marché aux femmes*, p. 93.

(3) *La Corruption à Paris*, p. 63.

(4) Il est certain que les agents de la corruption sont généralement des femmes. Balzac a écrit avec raison : « Les femmes ont corrompu plus de femmes que les hommes n'en ont aimé. »

cadavres, rôdent dans le voisinage de ces bureaux, pour tenter et séduire les pauvres et faibles filles, mourant de faim et sortant, le cœur serré, de l'agence, sans avoir trouvé de place (1).

* * *

C'est de ces agences de placement de domestiques que faisait partie celle de la rue des Noyers à Belleville où un certain Boisgontier recrutait des jeunes filles pour les diriger sur le Transvaal comme *bonnes à tout faire* (2).

Sous le même prétexte on expédie en Belgique une partie des émigrées des provinces, tandis qu'au contraire pour la Pologne et la Russie il y a demande de gouvernantes et d'institutrices.

Le ministère français des Affaires étrangères qui a rassemblé un volumineux dossier sur la question, évalue à plusieurs centaines les jeunes filles victimes

(1) Un marché très actif des femmes pour la traite se pratique par ces mégères à la porte et à l'intérieur des prisons et des hôpitaux, comme le prouve le procès d'une nommée Breton qui s'approvisionnait à l'hôpital Broca (Voir le *Gil Blas* du 20 janvier 1898).

(2) Voir *le Matin* du 16 juin 1899. Une de ces agences à Paris serait située à Montmartre dans le quartier des artistes et des modèles s'il faut en croire le récit fait par une des victimes à un rédacteur du *Gaulois* (20 juin 1902) : « *A Montmartre, je connais un homme qui achète des femmes pour l'Amérique. On vous paye votre passage sur le bateau, puis on vous donne 300 francs et, en arrivant, on se débrouille.* M. Bonjean, dans son beau livre, *Enfants révoltés et parents coupables*, a signalé les pratiques de ces agences pour la traite spéciale des ouvrières mineures.

de tromperies, qui partent chaque année rien que pour la Pologne. Outre les bureaux de placement qui paient patente et les annonces de journaux, les agents de la traite ont imaginé d'autres moyens pour se procurer la qualité et la quantité demandée par le consommateur. Un de ces moyens, qui commence également à s'imiter en Italie, ce sont les soi-disant agences théâtrales qui cherchent des danseuses et des chanteuses soit pour l'étranger soit plus spécialement pour les cafés concerts de ville de province.

La femme, préférée moins pour son talent artistique que pour ses formes aguichantes, doit servir de misérable réclame à l'établissement de l'impresario et du patron. Si elle s'y refuse, en éloignant ainsi la clientèle des hommes qui ne viennent là que pour le plaisir sensuel, elle est montrée au doigt comme imbécile grimacière, et signalée à toutes les agences théâtrales comme mauvais caractère et piètre sujet. La malheureuse finira par transiger avec l'honneur, ou trouvera closes devant elle les portes des autres établissements où l'on ne considère que trop comme une utopie de faire de l'art honnêtement (1).

(1) Voir l'article publié par C. Lemonnier dans *le Français* du 10 décembre 1901. En voici un passage qui pourrait s'appliquer également à ce qui se passe chez nous : « Dans ces établissements appelés communément *beuglants*, on ne s'occupe pas de l'art. Peu importe que les artistes chantent bien ou mal. Leur titre de concert masque le but réel, — ce sont de véritables maisons de débauche non surveillées. Là sont rabattues nombre de jeunes filles que leur âge ne permettrait pas de prostituer dans la retraite ordinaire et que les tenanciers peuvent livrer à la débauche sans contrôle, étant donné le

La plume se refuse à décrire les raffinements subtils avec lesquels on s'applique à détruire peu à peu le sentiment de la pudeur chez ces pauvres femmes à qui l'on demande au nom de l'art des concessions et des transactions de toute sorte (1).

*
* *

Si de ces pauvres « chansonnettistes » sur lesquelles l'égoïsme humain a spéculé, il n'y en a qu'une petite partie qui passe les Alpes pour venir en Italie, le nombre est grand au contraire des petites Françaises que les agents de Paris, de Marseille et Nice envoient en sacrifice au minotaure de la prostitution italienne. Malheureusement nous n'avons pas de données positives pour calculer la valeur et l'importance de ce commerce d'importation de la France dans

titre de *chanteuses* dont sont affublées leurs victimes. Et cette prostitution se fait au profit des patrons et des directeurs de cafés-concerts. »

Quant aux malheureuses engagées comme danseuses, quoi de plus éloquent que le fait rapporté dans *le Temps* (18 janvier 1902) de l'arrestation au Havre, à bord de *l'Aquitaine*, d'une personne qui avait décidé une jeune fille de seize ans à la suivre à Londres sous prétexte de lui procurer un emploi de danseuse? La pauvre petite avait, en réalité, été embarquée pour l'Amérique et pour le compte d'une maison de tolérance de Chicago. Ce fut son étonnement de la longueur de la traversée et aussi les réponses embarrassées de la proxénète qui firent découvrir le crime.

(1) On se rappelle ce procès typique plaidé il y a quelques années à Paris : une chanteuse bien connue dut s'adresser aux tribunaux pour obtenir la résiliation de son engagement, parce qu'elle s'était refusée à figurer en public, dans le rôle qu'elle avait acceptée, sous le costume préadamique que voulait lui imposer le directeur.

notre pays, importation toutefois inférieure à celle qui nous vient de l'autre partie des Alpes. La marchandise est généralement dirigée sur le Piémont et la Lombardie, mais souvent encore plus loin, comme le prouve le rapt bien typique de 20 jeunes filles françaises, transportées en une seule fois, en 1899, de France en Sicile. Le fait fut raconté sur la foi d'un journal de Tarbes *les Pyrénées* par plusieurs périodiques français (1).

*
* *

Les vides remarqués ici dans les rangs de l'armée de la prostitution par l'exportation des femmes françaises en Italie sont compensés avec abondance par l'importation des jeunes filles italiennes en France. Notre exode s'est développé au point de pouvoir à lui seul, il est douloureux de l'avouer, rétablir l'équilibre dérangé par la grande exportation générale de la marchandise française dans d'autres pays.

(1) Ce renseignement monstrueux a été communiqué et commenté en ces termes par la *Stampa* de Turin : « Il y a quelques jours, une femme déguisée en religieuse parcourut diverses communes du canton de Lannemezan (Hautes-Pyrénées) et racola une vingtaine de jeunes filles en leur disant qu'il y avait à gagner une belle somme d'argent en allant travailler quelque temps à Cette en Provence. Les parents ayant donné leur consentement, les jeunes filles partirent avec la religieuse. Arrivées à Cette, elles furent tout simplement embarquées, sous prétexte de leur faire faire une excursion en mer. D'après les renseignements recueillis par les familles il semblerait que ces jeunes filles auraient été conduites à Palerme, en Sicile. On n'en sait pas davantage. Les familles sont désolées. »

Si à Paris, dans la statistique infâme, les Italiennes viennent en sixième ligne après les Françaises, les Belges, les Anglaises, les Suisses et les Allemandes, au contraire dans le sud de la France, à Toulon, à Marseille, c'est par centaines et centaines que nos petites Italiennes sont livrées à la prostitution. Marseille est aussi le port principal d'embarquement de la marchandise italienne destinée aux maisons américaines (1). Cependant la traite ne se compose pas seulement des femmes et des jeunes filles importées d'Italie grâce au mirage mensonger d'un emploi qui n'existe pas. Elles ne forment que l'avant-garde du convoi.

Le gros de l'armée, sur lequel tiennent l'œil les marchands de chair humaine, est formé aujourd'hui au contraire par une toute nouvelle forme d'émigration : nous voulons parler de l'exode des jeunes filles racolées dans le royaume pour aller travailler dans les ateliers français.

Cette intéressante particularité a été signalée dès le commencement de 1897 par le comte Caccia-Dominioni, vice-consul à Lyon. L'importation des fillettes partait alors de l'Italie du sud et plus spécialement de Casalvieri pour le chef-lieu du département du Rhône.

Aujourd'hui, au contraire, la partie septentrionale

(1) Les agents de cette émigration ne sont pas Italiens, mais presque tous Polonais ou Hongrois ; comme le fait remarquer le sénateur Bérenger.

de la péninsule envoie en France un grand nombre de femmes, mais moins à Lyon que dans d'autres villes (1). Dans la petite commune de Mandelieu, aux environs de Cannes (2), il y a dans une seule fabrique de bouchons une centaine de petites Piémontaises. Pour peu que les industriels soient honnêtes, ils doivent convenir de l'impossibilité de surveiller attentivement ces essaims de filles. Dans l'ardeur de la jeunesse et dans la promiscuité des sexes (3), excitées d'ailleurs par la lecture accoutumée des romans passionnels et entourées de vampires qui spéculent souvent sur l'insuffisance des salaires et sur les chômages fréquents d'ouvrières diligentes et scrupuleuses à remplir leurs devoirs, elles prennent le chemin de la paresse et du vice. La petite principauté de Monaco regorge de malheureuses qui, lorsqu'elles quittèrent leur village natal, étaient d'honnêtes filles.

*
* *

La Suisse aussi, par sa position centrale et parce

(1) A Lyon, nos jeunes filles mineures sont employées dans une cristallerie et notre consulat général, assure qu'elles sont surveillées et vivent chez leurs parents.

(2) Le chevalier Cognet, ancien agent consulaire d'Italie à Cannes, parle dans les termes les plus élogieux du propriétaire de la fabrique Nicolas de Mandelieu, mais déplore les dangers manifestes au point de vue moral.

(3) Il y a une lacune dans la législation française du travail en ce qui concerne la promiscuité dans les ateliers des ouvriers des deux sexes au-dessus de 13 ans.

qu'elle est le pays favori des touristes, offre un grand champ à la traite, principalement dans sa partie orientale. A Zurich, comme on l'a déclaré au dernier Congrès, il existe un Office central d'enrôlement avec de nombreux agents des deux sexes. C'est sans doute un de ceux-ci qui livra à une maison équivoque d'Amiens la pauvre petite Italienne de dix-sept ans amenée là de la commune de Bonfol par une femme de service et relâchée, sur les indications de l'ambassade, grâce à la généreuse intervention du commandeur Schiaparelli. Nous trouvons en Suisse les mêmes faits déjà constatés en France, l'émigration en masse des ouvrières, émigration temporaire qui importe en Suisse des jeunes filles honnêtes et les exporte comme prostituées. Notre orgueil national souffre de devoir rapporter, par amour de la vérité, que dans le canton de Saint-Gall il n'y a pas une maison honnête qui veuille héberger les jeunes Italiennes.

Et la rigide vertu helvétique a bien de quoi s'émouvoir si l'on songe au triste spectacle qu'offrent nos jeunes ouvrières de Vevey. Sur 100 petites Piémontaises de Saint-Vincent (Valtournanche) qui y sont employées dans les manufactures de tabac, un cinquième est rentré au pays en état de grossesse (1). Mais notre importation, fait observer incidemment

(1) Le professeur Schiaparelli raconte le fait sur la foi du commissaire de police.

M. Villari, dans son étude publiée par la *Nuova Antologia* (1), n'est destinée qu'en minime partie au consommateur suisse ; la plupart des femmes italiennes sont importées pour servir aux ouvriers italiens.

*
* *

En Allemagne aussi, le *Mädchen-Handel* est très développé et les jeunes filles qu'il livre au vice sont exportées non seulement dans les pays d'Europe, principalement en Suisse, en Belgique, en Hollande, mais encore au delà de l'Océan en nombre marquant (2) pour le Brésil et la République Argentine.

L'Italie n'en reçoit que fort peu et elles n'y viennent d'ordinaire qu'après un séjour en Autriche et en Suisse.

Notre importation en Allemagne, au contraire, est abondante, mais là aussi, nous avons, comme de coutume, les jeunes ouvrières italiennes qui se corrompent assez vite si un œil vigilant et jaloux ne les surveille point. C'est un spectacle écœurant que celui qu'on voit à Sandhofen, aux environs de Mannheim, où des centaines de jeunes Toscanes, principalement de Pise et de Lucques, accompagnent le dimanche les ouvriers à Mannheim, et ne rentrent qu'à une

(1) V. *Nuova Antologia*, 1er novembre 1900.

(2) V. *Nationale Zeitung* du 25 mai 1898 et cfr. aussi la *Prensa* de Buenos-Ayres, et la *Germania*, organe de la colonie allemande à San-Paulo (Brésil).

heure avancée de la nuit, abruties et ivres. Aussi ne tardent-elles point à prendre le travail en aversion et à succomber. Une partie de ces malheureuses est embarquée à Hambourg pour l'Amérique.

L'Autriche-Hongrie diffère sous ce rapport de l'Allemagne. Elle reçoit très peu de marchandise italienne, mais elle nous envoie, au contraire, en échange, son nombreux contingent. Vienne (1) tient la tête avec ses 180 agents de prostitution et les 1.500 jeunes filles qui y sont recrutées. Trieste reste toutefois le marché central de l'empire, qui fournit aux grandes villes italiennes les femmes demandées. De Trieste, le chargement est envoyé à Udine et de là à Gênes, s'il est destiné au consommateur américain. Mais l'abolition de la réglementation de la prostitution, qui a porté chez nous un grand coup aux temples du vice, a considérablement diminué l'importance de cette exportation de Trieste. Il y a à peine vingt ans, *l'article* de Vienne, et mieux encore *l'article* Hongrie était plus recherché en Italie que celui de Paris. La jeunesse italienne ne connaissait la nation magyare que comme productrice et exportatrice de *chevaux* et de *femmes*. Vice atavique qui rappelait celui de nos aïeux, qui importaient du Danube des robustes gladiateurs « pour orner un jour de fête romaine ».

(1) Les chiffres sont fournis par la baronne de Langenau qui est à la tête du comité autrichien.

Aujourd'hui le gros de l'émigration hongroise est dirigé sur l'Amérique et en si grand nombre que les jeunes filles livrées à la prostitution s'appellent là-bas *Hungara* (Hongroises).

*
* *

Dans le reste de l'Europe, la traite des femmes itaiennes a moins d'importance. La Russie, qui a de grands marchés de chair humaine, à Varsovie, à Petrokov, à Kalisz, ne reçoit que rarement de la marchandise italienne du port d'Odessa. Il n'y a aucune trace de cette traite dans les pays slaves ni dans les pays balkaniques, y compris la Turquie, où il paraît qu'elle existait vers le milieu du dix-neuvième siècle, si l'on doit accepter pour exacte l'affirmation de Louise Benoit-Colet, qui dit avoir trouvé dans le harem du grand Sultan des petites Italiennes. C'est maintenant la Grèce qui approvisionne le marché de Constantinople.

On a prétendu qu'il se pratique une traite régulière de petites Italiennes à Barcelone, mais les informations du consulat général d'Italie le démentent catégoriquement. L'exportation de la jeune fille espagnole qu'on pratique encore actuellement sur une vaste échelle, ne vise pas l'Italie. Les belles Castillanes sont destinées à Cuba (1).

(1) V. *la Tribune* du 31 juillet 1908, p. 211.

Si l'on remonte au nord, il faut mentionner le port d'Anvers où les agences de la traite font embarquer une partie des petites Italiennes destinées à l'Amérique. Du reste, la Belgique compte parmi les pays qui souffrent le plus de cette plaie, quoiqu'elle figure aussi au nombre de ceux qui répriment le mal avec le plus de sévérité. Sans parler du procès retentissant de 1880 intenté à treize entremetteurs, et d'autres plus récents où l'on a vu, dans le nombre des personnes compromises, plusieurs hauts fonctionnaires, nous rappellerons celui qui eut lieu il y a sept ans, et qui révéla comme triste organisatrice de la traite une jeune fille mineure (1).

Le marché belge est fourni en partie par la France, comme nous l'avons vu plus haut, mais plus abondamment par l'Angleterre où la Belgique expédie en échange des femmes du continent. Parmi celles-ci il y a des Italiennes qui s'adjoignent à celles provenant des ports français, mais qui dans le *mare magnum* de la prostitution de Londres où elles se déversent, ne représentent qu'une infime minorité. Il y a quelques années, nos musiciens ambulants avaient joint à leurs moyens de recette et de spéculation la *dancing girl* qui valsait dans les *mews* et les *streets* des quartiers populaires en faisant incon-

(1) Elle fut condamnée à sept ans de réclusion. Voir *le Petit Bleu* de Bruxelles du 24 juin 1901. Parmi les proxénètes condamnés dernièrement en Belgique, il y avait 5 Belges, 3 Russes, 2 Français, 1 Hongrois et 1 Syrien.

sciemment, ce que le *padrone* exigeait d'elles pour des desseins infâmes. La petite modèle italienne qui a servi souvent, comme nous l'avons déjà signalé, à enrichir des importateurs peu scrupuleux a été offerte souvent aussi sur la place de Londres. Aujourd'hui, la surveillance de la police et la vigilance encore plus rigoureuse des sociétés privées à qui la loi anglaise accorde tant de pouvoirs, ont réussi à tenir en échec les négriers de la traite des blanches et Londres n'est plus maintenant le grand marché d'autrefois. A en croire M. Gaillard, qui en a fait l'objet d'une enquête très attentive, le monopole de ce genre d'infamies se trouverait dans l'île de Jersey, siège d'une vaste association qui aurait un correspondant à Turin (1).

*
* *

Si nous traversons l'Océan le spectacle est encore bien plus tragique.

Laissons de côté les affirmations gratuites comme celles de Bourget, d'autant plus regrettables qu'elles viennent d'un ami si sincère de notre pays. Nous nous demandons avec stupeur comment l'illustre écrivain a pu soutenir dans ses *Souvenirs d'outre-mer* que « à New-York les Italiens vendent leurs femmes aux Chinois qui habitent le quartier voi-

(1) V. l'article de Gaillard dans *la Presse* du 3 octobre 1901, reproduit dans la *Gazzetta di Torino* des 4 et 5 octobre 1901.

16

sin (1) ». La gravité du mal est par elle-même assez manifeste pour qu'on puisse se dispenser de ce renseignement complémentaire gratuit.

Déjà, à la fin de 1873 (2), le *New-York Times* et plus tard en 1885 (3), le *Philadelphia Times* évaluaient à 80.000 les petits Italiens des deux sexes appartenant à la catégorie des vagabonds d'où sortent les criminels et les prostituées. Les fillettes italiennes étaient poussées alors dans la voie du vice par leurs compatriotes, les fameux *padroni*. Les choses n'ont, à ce qu'il paraît, pas changé de nos jours, puisque l'impunité permet aux malfaiteurs ce qu'écrivait il y a quelques mois en partant de New-York un de nos éminents magistrats, M. Ferriani : « Une couple de bandits et d'escarpes ont à leur solde six petites Italiennes de 9 à 12 ans, qu'ils traitent brutalement si elles ne leur apportent pas chaque soir, la somme fixée qu'elles *doivent* se procurer *n'importe comment.* »

Dans l'Amérique du Sud les choses sont encore plus affreuses. Le proxénète, qui a embarqué sa cargaison, ne perd pas le temps à bord, mais, en habile

(1) *Outre-mer*, t. I, p. 259. — La gratuité de l'affirmation de Bourget se trouve prouvée par le fait que les Chinois s'occupent de la traite nationale pour leur propre compte en ne faisant aucun cas des autres races. 3.000 Chinois vivent à San-Francisco de ce métier. Cfr. l'intéressant article de Holder dans *North American Review* de septembre 1897.

(2) 4 décembre 1873.

(3) 12 avril 1885.

marchand, il augmente son contingent en faisant de nouvelles recrues au cours de la traversée. Nombreuses sont en réalité les jeunes filles qui partent de Gênes toutes seules pour aller rejoindre, au Brésil ou dans l'Argentine, leurs familles. Et c'est sur ces malheureuses, affaiblies moralement et physiquement par les souffrances de la longue traversée et les horreurs de la troisième classe, que s'exercent les artifices sinistres de ces « renards si pleins de fraude ». Le professeur de Gubernatis, à qui nous devons ce renseignement, ajoute que celles de ces passagères qui se sont laissé prendre à l'hameçon, au lieu d'arriver dans l'Argentine, leur destination, sont expédiées à Montevideo, mais une partie de celles qui restent et qui arrivent à Buenos-Ayres sont également immolées sur l'autel de la prostitution. La baronne de Montenach, fondatrice de l'Œuvre de Fribourg, a pu parler de 2.200 jeunes filles perdues, victimes de l'odieuse spéculation, qui vivent entassées dans une seule rue de la capitale de l'Argentine, et qui sont, en grande partie, des Italiennes.

M. A. B. Armando, faisant allusion à cette douloureuse émigration à Buenos-Ayres et à Rio-Janeiro, dit que les rues malfamées *calle Juan* et *calle Lavalle* s'appellent, dans la langue du peuple, *rues de Sang et de Larmes* (Calle Sangre y Lagrimas) (1) !

(1) V. *The White Slave Trade*, p. 169.

CHAPITRE III

ENCORE LA TRAITE DES PETITES ITALIENNES ET LA CONFÉRENCE INTERNATIONALE DE PARIS

L'étude des problèmes qui se rattachent au sort des faibles et des opprimés a, d'une manière toute spéciale, occupé le dix-neuvième siècle. Cet élan d'altruisme restera toujours l'une de ses gloires les plus grandes et les plus pures. Le vingtième siècle en a reçu l'héritage. Toutes les questions relatives à l'état d'infériorité où se trouve encore placée la femme dans la société moderne sont approfondies partout avec des efforts poursuivis simultanément.

Fantine, Sonia, Elisa, la Maslova, toutes ces infortunées héroïnes de la misère et du vice, qui éveillèrent notre pitié dans les romans de Hugo, de Dostoiewsky, de Goncourt, de Tolstoï, entrent aujourd'hui dans la réalité pour réclamer de la conscience sociale l'étude calme et sans passion de leur misérable condition... Le mépris avec lequel on considérait jadis certaines infortunes vraiment douloureuses, a fait place maintenant sans réserves à la compassion. La fange où sont tombées ces malheureuses créatures ne souille point ceux qui se baissent pour leur tendre la main. La victime qu'un de nos puissants sculpteurs, Medardo Rosso, a exposée dernièrement à Milan sous cette pénible désignation : « Chair d'autrui », est devenue moralement notre chair. La délaissée nous appartient, mais en nous imposant le devoir de mettre tout en œuvre pour sa rédemption.

S'il peut y avoir désaccord entre libéraux et rigoristes sur l'étendue du droit qu'aurait la femme de disposer d'elle-même, comme elle l'entend, personne ne conteste plus qu'il faut chercher par tous les moyens possibles de supprimer le vil intermédiaire, le marchand qui s'enrichit en exploitant le malheur et la faute d'autrui.

Qu'on ne se méprenne pas toutefois sur le but de notre campagne. Nous n'avons aucune intention d'entreprendre une lutte inégale contre l'abolition du mal dont il s'agit. Nous n'oublions pas qu'en invoquant la rigueur des principes appuyés sur une brillante conception théorique, on perd de vue l'impossibilité de les réaliser pratiquement du moins chez nous (1).

(1) Cette rigueur de principes peut engendrer les propositions les plus absurdes dans le camp politique. C'est ainsi qu'un pasteur suisse, M. Ninck, soutient que la femme majeure qui se livre volontaire-

Pour y réussir, il ne suffirait pas de modifier les fondements de notre éducation, il faudrait réformer toute la machine humaine. Évitons donc les généralisations qui nuiraient à l'intérêt même de notre cause.

*
*

Toutes les indications que nous donnons ici, autant sur l'organisation de la traite en général que sur la direction de ses divers courants, s'appuient sur des enquêtes de date récente pleinement confirmées.

Au sujet des renseignements douloureux que nous avons fournis sur la triste primauté de la petite juive, le Congrès des rabbins (1) tenu, le 11 juillet 1902, à

ment et librement à la prostitution doit être enfermée dans une maison de correction *parce que la dignité personnelle de la femme ne lui permet pas de se vendre.* C'est avec des excès de ce genre que l'on perd les bonnes causes. A ce même genre de propositions appartient celle d'un autre pasteur, M. Pierson, relativement à l'institution hollandaise des « missions de minuit » composées d'hommes qui, à une heure avancée, se mettent en faction devant les maisons mal famées en tâchant d'en détourner les visiteurs. M. Pierson s'est rallié à la proposition draconienne de proscrire toute prostituée étrangère.

(1) La discussion a révélé de curieuses particularités sur ces entremetteurs et sur leur métier. On a donné les noms de marchands qui connaissaient jusqu'à huit langues et l'on en citait un qui avait changé huit fois de surnom et qui possédait un assortiment de barbes postiches et de perruques pour se rendre méconnaissable. Cet individu, un des plus adroits de la profession, parlait l'italien et se faisait appeler Pietro Venturini. Il y avait parmi ses victimes des enfants de treize ans ! A propos de ce Congrès de Francfort, mention-

Francfort, nous a révélé de nouveaux faits qui font frémir. Le rabbin Rosenack, de Brème, a pu parler de l'exportation de femmes israélites dans le monde entier, jusqu'au Japon et en Chine. A la même époque, le rapport de l'Association israélite pour la protection des jeunes filles et des femmes (1) signale des cas nombreux de traite de petites juives dans les pays les plus lointains.

C'est de la traite des juives que s'est occupé récemment le tribunal de Vienne dans le procès intenté à Isaac Schäfferstein (2) convaincu d'avoir enrôlé en une seule année pour des maisons mal famées de l'Orient quatre cents jeunes filles que ce négrier transportait par groupes de trente, chaque semaine, en gagnant sur chaque cargaison au moins 30.000 francs.

Ce que nous avons affirmé du trafic en général dans d'autres pays, se trouve confirmé également par le procès célèbre intenté en 1902 à Beaucourt et Hayum, qui fournissaient des « jeunes filles bien

nons la proposition incroyable, et qui justifierait jusqu'à un certain point l'antisémitisme, faite par le rabbin Cohen, de Kattowitz, de racheter ce commerce en faisant une collecte, pour indemniser les marchands juifs qui s'étaient jusqu'alors livrés à cette spéculation. Naturellement la proposition fut repoussée, mais elle eut les honneurs de la discussion.

(1) Cfr. *Report of the Jewish Association for the protection of Girls and Women, for the year ending december 31 th* 1901. Cette société qui, tout en ayant un caractère confessionnel, protège également les femmes appartenant à toutes les religions, a pour secrétaire le très actif M. Arthur Moro.

(2) V. *Deutsche Volksblatt* du 19 juillet 1902. Schaefferstein ne fut condamné qu'à un an de prison.

faites pour tableaux vivants » engagées au contraire par eux pour les antres du vice au Transvaal (1).

(1) Le procès Beaucourt et Hayum est le type classique des artifices et manœuvres pratiqués par ces trafiquants de métier. Empruntons au *Temps* du 26 avril 1902 un résumé succinct des faits :

« TABLEAUX VIVANTS. Il y a quelques jours un journal publiait une annonce ainsi conçue : *Très pressé. Deux jeunes filles pour tableaux vivants. Office central concerts. Faubourg Saint-Martin* 10 *et* 12. En même temps une affiche manuscrite ainsi conçue, était placardée dans le quartier du faubourg Saint-Martin : *On demande jeunes filles très bien faites pour tableaux vivants.* Suivait l'adresse, celle que nous venons d'indiquer. Deux hommes se trouvaient à la tête de l'Office central des concerts, Beaucourt et Hayum, le premier se donnant comme directeur de théâtre à Capetown. C'est pour ce théâtre qu'il demandait par voie d'annonces et d'affiches des *jeunes filles bien faites.* On n'exigeait des jeunes figurantes aucunes connaissances spéciales. On leur donnerait là-bas les leçons nécessaires.

« Les promesses étaient brillantes. Elles étaient, au surplus, garanties par un engagement en règle. Et, séduites, des jeunes filles se présentaient à l'Office central des concerts. Beaucourt et Hayum procédaient par sélection, ne retenant que les plus jeunes et les plus jolies.

« Celles-ci étaient alors amenées à signer l'engagement dont nous venons de parler à l'insu, bien entendu, de leur famille ; on les soumettait même à l'examen d'un docteur en médecine, et la veille ou l'avant-veille du départ du paquebot qui devait cingler vers les colonies du Cap, dans la circonstance, on les groupait dans un hôtel meublé.

« C'est en effet dans un hôtel meublé de la rue de Clichy que M. Lespine, commissaire de police chef du service des garnis, vient de trouver et de délivrer cinq de ces jeunes filles, toutes mineures et de mettre en état d'arrestation Beaucourt et Hayum. On devine pourquoi et sous quelle inculpation Beaucourt, en effet, n'est pas le moins du monde directeur de théâtre ; mais, en revanche, Hayum, son compère, tient, à Capetown, une maison close de rendez-vous. Ils ont été mis l'un et l'autre à la disposition de M. Lemercier, et les cinq jeunes filles, mises au courant de l'avenir qui leur était réservé, ont été rendues à leurs parents. »

Sans faire aucun commentaire, notons l'habileté de l'annonce qui pour ne pas donner l'éveil, parle à peine de deux jeunes filles, tandis que le nombre des enfants trompées était, au moment de l'arrestation, déjà de cinq.

La presse française s'est occupée des révélations faites, il y a quelques années par le préfet de police, M. Lépine. Une soixantaine d'individus seraient inscrits sur les registres de police de Paris comme pratiquant la traite des femmes!! On aurait même découvert aux environs de la capitale, à Andrésy, l'entrepôt général de la marchandise (1). Les mêmes journaux ont relaté aussi le cas de soixante-neuf jeunes Françaises, pour la plupart mineures, récemment trouvées dans des maisons mal famées d'Amsterdam. On a déjà trop parlé des scandales de Cherbourg (2) et nous ne nous attarderons pas davantage sur les dernières découvertes opérées à Barcelone (3) et à Sofia (4) ni sur ce qu'il faut conclure de la note publiée par les soins du gouvernement fédéral *sur la surveillance des bureaux de placement et sur les mesures internationales prises en Suisse*, note dans laquelle on cite l'éloquente statistique autrichienne sur un grand nombre d'enfants illégitimes de jeunes filles suisses engagées dans l'empire autrichien

(1) Cette découverte est due surtout à l'enquête très active faite par le journal *le Matin* qui, plus que tout autre, s'est distingué dans la campagne contre la traite.

(2) V. *le Messager de la Manche* du 11 mars 1902.

(3) V. *la Patrie* du 2 avril 1902.

(4) V. le télégramme de Budapest à l'*Adriatico*, du 13 août 1902. Le trafiquant arrêté sur la frontière roumaine avec ses deux complices, au moment où il voulait faire passer en Roumanie douze jeunes Hongroises munies de faux passeports, était depuis de longues années en relation d'affaires avec tous les marchands de jeunes Hongroises et Orientales. Il avait déjà envoyé de l'Orient plusieurs centaines de femmes.

comme institutrices. Ce sont là des faits déjà connus.

Le vrai caractère international du fléau et l'énorme extension qu'il a prise récemment se trouvent démontrés grâce aux révélations fournies par la presse des pays qui jusqu'ici s'étaient évertués à le cacher. Citons en premier lieu les informations terribles publiées sur la Russie d'Asie par le *Novoié Vremia* (1) au sujet du trafic que font les colons de leurs femmes et de leurs filles. Le prix de ces malheureuses varierait de dix à cent roubles suivant l'âge et la beauté. Liées avec des cordes, elles sont livrées aux mains rapaces du plus offrant sans pouvoir faire aucune résistance. C'est un marché légal qui se fait *coram populo*. Acheteurs et vendeurs discutent avec animosité et brutalité entre eux sur la valeur de la marchandise comme s'il s'agissait de bestiaux. Souvent on se querelle pour un, deux roubles et même pour quelques kopecks. C'est aussi de la Russie d'Asie et de l'Autriche, qu'avec des manœuvres habiles on vend et expédie directement au Japon par convois, comme on l'écrit de Nagasaki à l'*Haméliz* (2), de pauvres jeunes filles des deux pays. Elles échouent dans ces maisons infâmes sur lesquelles on pourrait avec raison graver l'inscription sombre de la porte de l'enfer :

Lasciate ogni speranza, voi ch'entrate !

(1) V. *Corriere della sera* du 10-11 juin 1902.
(2) V. *Echo de Paris* du 24 mars 1902.

La marchandise asiatique, par la loi de l'échange et de la compensation, arrive sur le marché européen. C'est ainsi que le docteur Ismaïl Kémal Bey (1), en parlant des horreurs de la traite en Turquie, cite la Circassie russe comme le pays d'où les émissaires turcs tirent autant qu'ils le peuvent ce qui doit rassassier le vice de leurs compatriotes. Nous ne nous étendrons point sur d'autres particularités.

*
* *

De nouveaux faits et de toutes récentes révélations confirment plus amplement l'importance de la part prise par l'Italie dans le trafic infâme. Nous aurions à raconter de tristes épisodes en abondance. Il n'y a

(1) *La traite des blanches*, par le docteur Ismaïl Kemal Bey, ancien major dans l'armée ottomane. (Paris, 1902, imprimerie Vve Albouy.)

Dans cette pétition adressée aux membres de la Conférence internationale, l'auteur, après avoir démontré qu'il n'y a aucun autre pays au monde où la traite des blanches s'exerce sur une aussi vaste échelle qu'en Turquie, parle en ces termes du trafic en Circassie :

« Etant moi-même d'origine circassienne, j'ai tenu à présenter ici la défense de nos sœurs, les jeunes filles de la Circassie qui peuplent en si grand nombre le sérail du Sultan où, comme je l'ai déjà dit, sur six cents captives, il y a trois cents Circassiennes.

« A ce sujet, je m'adresse particulièrement au gouvernement russe duquel actuellement dépendent les provinces de la Circassie musulmane, et je lui demande d'enrayer la traite des blanches si florissante dans cette région.

« Enfin, à tous les membres du Congrès, à quelque nation qu'ils appartiennent, je remets le soin de défendre l'humanité, de sauver d'innombrables jeunes filles vouées à la torture et à la prison perpétuelle, d'arracher à la plaie horrible des mutilatrices de malheureux enfants, en un mot, je supplie le Congrès d'effacer cette tache sanglante qui déshonore à la fois l'Orient et le monde civilisé.

que trop de documents qui prouvent l'exactitude de ces assertions. Qu'il nous suffise de citer l'un des tout derniers cas mentionnés par le professeur Bettazzi qui connaît personnellement la victime. C'est une pauvre jeune fille de Turin à peine âgée de quatorze ans, qui avait été confiée par son père, moyennant un payement de quarante francs, à un individu sous la promesse formelle de la conduire à l'étranger pour y être employée comme modèle. Deux ans après la malheureuse, évadée d'une maison mal famée de Bruxelles, se présenta à notre consulat et fut rapatriée. De quatorze à seize ans, l'infortunée n'avait fait que changer de patronne en Belgique et en France, cédée d'une maison de prostitution à l'autre dans les deux pays !

Mais laissons de côté ces cas particuliers et arrivons aux traits généraux de la traite italienne. Un journal de l'endroit (1) nous répétait encore récemment que l'Égypte reste toujours « le meilleur débouché pour les proxénètes internationaux », et surtout pour la marchandise italienne. Un procès contre trois trafiquants Italiens, l'a confirmé en révélant les détails les plus douloureux sur nos compatriotes enfermées dans les maisons de prostitution égyptiennes dont les tenanciers sont encore des Italiens. Une autre forme d'émigration adoptée pour la traite pour l'Égypte (et aussi pour la Turquie) serait celle de

(1) V. *Journal du Caire* du 23 juillet 1902.

nos jeunes artistes recrutées et expédiées pour ainsi dire par colis postal de Naples et d'autres ports italiens (1). Ce n'est pas l'art du chant qui les fait vivre.

Des informations complémentaires qui nous viennent d'Alexandrie (2) nous racontent de poignantes odyssées des femmes italiennes et les manœuvres employées par les entremetteurs pour introduire librement de la marchandise. Les malheureuses arrivent principalement de Tunisie, où il existe un trafic régulier de passeports. Le système adopté entre le tenancier de la maison close et la pensionnaire est celui du compte à demi. Toutefois de la moitié qui revient à la victime on déduit les frais et dépenses, et il est facile de calculer ce qui reste à la malheureuse. Nous sommes obligés de constater à regret que dans les maisons mal famées d'Alexandrie, suivant les déclarations du capitaine inspecteur de la police, il y aurait beaucoup de mineures italiennes conduites sans passeport en Égypte où elles sont vendues par les marchands habituels.

Nous tenons de source très autorisée la confirma-

(1) V. entre autres journaux napolitains l'*Eldorado* du 23 juillet 1902.

(2) Nous devons ces renseignements au chevalier Burdese, consul d'Italie, qui, en nous communiquant ces détails intéressants, ajoute que la prison et les procès ne servent qu'à faire de la publicité fâcheuse pour la réputation italienne. La seule mesure grave que craignent les trafiquants est celle de l'expulsion parce qu'elle les atteint plus directement dans ce qu'ils ont de plus cher : l'argent.

tion des graves conditions de notre traite par Malte(1). Le port de Syracuse est indiqué comme le lieu d'embarquement de la marchandise provenant de Catane et de Messine et destinée exclusivement à la consommation de cette localité.

Parallèlement au courant méditerranéen qui transporte en Afrique les misérables du Midi, nous avons le courant transatlantique, encore plus fort, qui porte au delà de l'Océan la honte de l'Italie septentrionale.

Quant à l'Amérique du Sud, nous avons tout d'abord les courageuses révélations patriotiques de M. Barzini dans le *Corriere della Sera*, qui signale comme chose connue de tout le monde ce qui se passe dans la République argentine. Nous rappellerons en outre ce qui nous a été rapporté par une personne qui habita le pays pendant des années et qui nous a renseigné sur les débouchés ouverts à l'ivoire italien au Venezuela et au Brésil (2). On nous a cité le nom d'un de nos grands agents d'émigration qui aurait favorisé ce trafic ! Des preuves indubitables nous sont fournies en outre sur les manœuvres adroites des négriers à bord des transatlantiques. La Conférence internationale de Paris s'est occupée d'eux en

(1) Le consul italien à Malte, M. le chevalier Grande, nous fait observer que heureusement l'émigration des mineures a presque cessé, grâce à la surveillance de nos autorités et à la nouvelle loi sur les passeports. Toutefois celle qui concerne les femmes majeures n'a pas subi de changements.

(2) V. le *Corriere d'Italia* du 5 avril 1902.

reconnaissant non seulement l'utilité mais aussi la nécessité de faire coopérer le capitaine des steamers à la surveillance des jeunes passagères.

Cependant, à côté de tant de navrants spectacles, il y a un fait consolant. L'Amérique du Nord a vu, dans ces derniers mois, diminuer sensiblement l'importation des Italiennes. Cette amélioration est due principalement à l'action intelligente de la *Society for the protection of Italian emigrants* et du docteur William Tolman, l'éminent sociologue et philanthrope de la *Social League* de New-York. Il faut aussi rendre justice à l'activité et à la vigilance, toujours indémenties, du Commissariat d'Ellis-Island

*
* *

Mais revenons en Europe pour observer et étudier plus près de nous notre émigration en France, en Suisse et en Allemagne, où se vendent tant de milliers de jeunes filles racolées en Italie sous prétexte d'un travail honnête bien rétribué.

A Paris, dans les cafés chantants et les théâtres-concerts, le nombre des Italiennes qui se pressent autour des clients s'est augmenté, comme nous l'ont répété les musiciens ambulants employés dans ces endroits. La majeure partie viendrait de la Haute-Italie et beaucoup d'entre elles auraient été employées comme modèles.

Notre ancien agent consulaire à Cannes, M. Cognet, nous écrit que les jeunes émigrantes descendent par bandes de nos montagnes dans le département des Alpes-Maritimes « pour la récolte des fleurs d'orangers » en compagnie de leurs amies et quelquefois de leurs mères. Mais, ironies du métier, beaucoup de ces jeunes filles s'en reviennent enceintes dans le pays, comme nos syndics nous en informent. Pauvres fleurs d'oranger ! A Saint-Rambert-en-Bugey, petit village de cinq mille âmes dans le département de l'Ain, on aurait découvert, comme on nous l'a affirmé d'une manière précise, les mêmes scandales que ceux de Sandhofen déjà racontés par nous (1). Sur 2.333 ouvriers et ouvrières employés dans les grands ateliers de filature et de tissage il y aurait 805 femmes italiennes, dont 443 mineures et 362 majeures. Ces femmes qui proviennent de deux ou trois villages piémontais, seules et inexpérimentées, sans aucune surveillance civile ni religieuse, deviennent facilement les victimes de la séduction. A Saint-Rambert également les cabarets attirent, les jours de fêtes, nombre de jeunes écervelés des pays voisins qui arrivent en troupes pour voir les belles ouvrières italiennes. Et dix pour cent de ces malheureuses deviennent mères sans avoir été épouses (2).

(1) V. p. 237.

(2) Le consul général d'Italie à Lyon confirme pleinement les renseignements qui nous ont été fournis par une personne ayant séjourné dans la localité. M. Perrod nous donne, en outre, des détails intéressants sur les conditions des ouvrières, dont le salaire

Nous avons par contre de meilleures informations sur une autre catégorie d'émigration d'Italiennes en France, celle des nourrices, dont on a beaucoup parlé également parce que c'est sur elles que se fixent souvent les regards des rapaces marchands de chair humaine. A Paris la statistique démontre que cinquante pour cent du contingent des femmes publiques sont fournies par les nourrices des départements. Nos nourrices italiennes, qui viennent presque toutes de Viù, de Ceres et de Lanzo, ne donnent prise heureusement à aucun reproche de ce genre.

Il en est de même des femmes de chambre italiennes, dont le nombre est très important dans les hôtels et dans les maisons particulières du midi de la France où elles sont occupées et bien payées. Elles ne fournissent pas de victimes à la traite.

Nous avons comparé les conditions de Saint-Rambert à celles de Sandhofen (1) et cela à dessein,

varierait de 2 fr. 50 à 3 francs pour une journée de dix heures plus une prime de 3 francs par quinzaine à toutes celles qui ne se sont pas absentées pendant cette période. Les consultations de médecin et les médicaments sont gratuits ; la nourriture coûte de 20 à 25 francs, le logement de 4 à 6 francs par mois parce que les ouvrières louent généralement une chambre à trois ou quatre et même à dix, par esprit d'économie exagéré. Elles envoient à leur famille 20 francs par mois. Le sort de cette colonie a mérité l'intérêt de l'œuvre si digne d'estime de Mgr Bonomelli qui aurait l'intention d'y fonder une mission.

(1) La *Gazzetta di Lucca* du 20 juin 1902 a publié une lettre d'un certain M. Cappelletti, de Mannheim, qui a taxé d'inexactes nos informations relativement aux jeunes ouvrières toscanes de Sandhofen. De son côté, l *Corriere della Sera*, le 22 juin 1902, a publié une rectification conçue en des termes moins agressifs. Nous n'avons

parce que nous ne pouvons qu'y trouver la confirmation de ce que nous avons dit des conditions de notre centre d'émigration à Baden. De nouveaux témoignages de personnes de l'endroit, qui n'ont aucun intérêt à mentir, répètent ces renseignements en y ajoutant certaines particularités qui font horreur et que le respect dû à nos lecteurs ne nous permet pas de reproduire ici. Une lettre d'un de nos correspondants « qui ne parle que pour la pure vérité » se termine par cette phrase : « Si j'avais un conseil à donner aux jeunes filles qui doivent venir ici, je leur dirais franchement d'aller dans la montagne et d'y

pas voulu opposer un démenti pour ne pas traîner en longueur d'inutiles polémiques. A ceux qui nous ont accusé d'exagération et d'inexactitude dans nos dénonciations nous répondrons par les paroles d'un journal français qui a pris généreusement notre défense, contre ceux qui nous avaient attaqué à propos des révélations faites sur les misérables conditions des petits Italiens employés par des vitreries : *Le tableau est suffisamment noir pour qu'étant bon patriote, l'auteur ne l'ait exposé aux yeux du public qu'après s'être assuré de la rigoureuse exactitude d'une photographie.*

Les faits que nous avons indiqués sur le témoignage de personnes de l'endroit ne pouvaient être connus du directeur de la fabrique qui a provoqué les démentis, parce qu'ils se sont accomplis à son insu. L'enquête faite par le gouvernement grand-ducal, et dont parle la *Tribuna* du 1er juillet 1902, ne pouvait être complète parce qu'on n'avait entendu qu'un son de cloche.

Un vieux proverbe nous apprend que tout mauvais cas est niable, et du reste quelle foi peut-on ajouter à la déposition de pauvres jeunes filles qui savent que de leurs paroles dépend la perte de leur emploi ? La meilleure preuve de la vérité de nos assertions se trouve dans les dispositions prises par le gouvernement badois, dont parle *la Tribuna* (article cité plus haut) et en vertu desquelles la police surveille surtout la colonie de Sandhofen spécialement les jours de fête et de paye, en doublant, à ces moments, le nombre des gardiens dans les rues. »

cueillir pour la manger de la ciguë, car elles sauveraient ainsi, sinon leur vie, du moins leur honneur. »

En Suisse rien n'est changé, à peu de chose près. Il semble toutefois que pour les contrées de Genève, de Zurich et de Tessin, il y ait une légère augmentation (1). Le regretté Paul Meille attirait, jadis, notre attention, principalement sur le centre industriel d'Affolternain Albis. L'ardent philanthrope voulait profiter de son séjour dans cette localité, où il s'était rendu à cause de sa santé, pour faire, comme il l'écrivait « avec toute la prudence exigée » une enquête ; mais la mort a interrompu son généreux projet.

*
* *

Cependant, s'il y a eu recrudescence du mal, il est consolant de constater qu'il y a eu de la part des bons et honnêtes esprits des efforts actifs et utiles pour le combattre. Il s'est produit dans tous les pays une ardente agitation basée sur une idée de

(1) Il nous a été impossible de contrôler ces indications. Bornons-nous à signaler pour le canton de Genève qu'à l'occasion des grandes fêtes musicales d'août, l'*Union internationale* (section centrale de Neuchâtel) a cru devoir informer le *Comité italien contre la traite*, du recrutement qu'on opérait à cette occasion à Genève, de jeunes filles pour les envoyer comme *Kellnerinnen* à l'étranger. L'*Union* avertit que ces offres d'emploi sont souvent suspectes et que, dans bien des cas, des jeunes filles à qui l'on a promis des emplois non existants, finissent dans les maisons de prostitution de Genève.

lutte salutaire et dans laquelle l'Italie n'est pas restée en arrière. Spectacle plus unique que rare dans ses annales ; s'il y a eu beaucoup de divergences sous le rapport des moyens, tous les partis se sont mis d'accord sur le but à atteindre. Il n'y a eu aucune question d'amour-propre ni de priorité : la charité a suivi son chemin sans que la vanité lui ait tenu compagnie.

Le parti catholique, se souvenant de la bulle d'Alexandre III sur l'abolition de l'esclavage dans la chrétienté, s'est porté sur le front de bataille en réunissant sous son drapeau les jeunes démocrates chrétiens à côté des vieux intransigeants (1). Ce pas fait par le parti catholique est d'autant plus important que sur toutes les questions se rattachant aux relations entre les deux sexes son programme avait jusqu'ici été complètement mort, sa seule règle en matière d'éducation étant le silence (2).

D'autre part les nombreux camps socialistes des diverses écoles n'ont pas hésité un instant à embrasser la cause généreuse (3).

De même, tout le parti monarchique s'est porté à l'assaut en masse compacte avec un élan impé-

(1) V. les articles publiés dans l'*Osservatore Cattolico*, la *Voce*, la *Croce*, le *Domani d'Italia*, la *Difesa de Pistoia*, etc.

(2) C'est ce qui a été signalé avec beaucoup de sagacité dans un article magistral d'Obici, publié par *la Revue* du 15 avril 1902 : *Les erreurs de l'éducation sexuelle.*

(3) V. principalement l'*Avanguardia socialista*, l'*Avanti* de Rome et la *Battaglia* de Milan.

tueux. Nous avons entendu le cri d'alarme de toute la presse, sauf de rares exceptions, contre les horreurs de la traite (1). Et d'éloquents orateurs se sont levés pour prêcher la nouvelle et sainte croisade (2).

Et l'appel a été écouté. Les comités italiens des deux principales grandes associations internationales, catholique et protestante, de Fribourg et de Neuchâtel, pour la protection et pour la défense des jeunes filles, comités qui étaient à peine dans l'embryon, se sont d'emblée développés sous le rayon bienfaisant de la charité. Ils se sont mis ardemment à l'œuvre en élargissant le cercle de leur action. De nombreuses recrues sont venues renforcer les premiers rangs. Ce qui s'accomplissait primitivement et timidement dans l'ombre et le mystère, se fait maintenant au grand jour.

De nouvelles sections ont été créées, plusieurs sociétés se sont fondées grâce à cette initiative et en suivant cet exemple, toutes arborant le drapeau abolitionniste (3). Le Congrès international pour la protection des jeunes filles tenu à Munich en Bavière en juin dernier, simultanément avec le Congrès des

(1) Parmi les centaines d'articles à mentionner, citons ceux du numéro unique *Schiave Bianche* (les Esclaves blanches) publié par le Comité Milanais, ceux de la *Tribuna* et de la *Patria* (non signés) ceux de Bettazzi, dans l'*Italia Reale*, de Puccini dans la *Difesa*, de Flavia Steno dans le *Secolo XIX*, de Cantono dans la *Patria* d'Ancône, et dans la *Bandiera* de Florence, de Lino Ferriani dans la *Libertà*.

(2) Parmi ces conférences rappelons celles du professeur Bettazzi à Turin, Novare et Milan, du professeur Buzzati et de Mgr Pagliani à Milan, qui est désormais le centre de la lutte contre la traite.

(3) Citons entre autres les *Unions pour le bien* de Rome et de Venise.

œuvres chrétiennes de bienfaisance (*Charitas*) a montré quel fruit on pouvait, dans ces limites forcément restreintes de l'initiative privée, retirer de l'action des comités nationaux, faisant escorte à l'Office international de Fribourg. On a constaté ainsi les résultats des Comités de Turin, de Milan, de Novare, d'Alexandrie et de Coni (1).

Si dans le centre du catholicisme qu'est l'Italie, les protestants sont très rares, il est cependant juste de reconnaître que leur œuvre est importante, même de l'aveu de leurs adversaires religieux.

L'*Union internationale de l'amie de la jeune fille*, qui compte 9.000 membres répartis dans 42 pays distincts, avec 84 offices gratuits de placement et 240 asiles, se trouve représentée actuellement en Italie, dans 62 localités différentes par 300 sociétaires (2). Celles-ci sont toujours prêtes à se mettre à la disposition de chacune pour prendre des renseignements sur les postes et emplois offerts aux jeunes filles ou pour veiller sur celles qui voyagent seules.

(1) Il convient d'ajouter que la création de ces sections est principalement l'œuvre du professeur Bettazzi, le Bérenger italien, fondateur, en 1894 à Turin, de la Ligue pour la moralité publique (*Lega per la moralità pubblica*), qui donna l'idée de créer l'*Œuvre catholique*. Les sections les plus importantes sont celles de Turin, sous le patronage de S. A. R. la princesse Isabelle de Gênes et la présidence de la comtesse de Gropello, née de Bray, ainsi que celle de Milan, sous le patronage de la Reine-mère et la présidence de la marquise Trotti-Belgiojoso.

(2) V. la lettre de Mme Berthe Turin, présidente de l'œuvre, au *Giornale d'Italia*, du 10 avril 1902.

Un agent de l'Union (une femme) se trouve toujours en permanence dans les stations de Milan, Turin et Gênes pour assister et aider les jeunes filles voyageant seules, surtout quand elles sont forcées par les horaires de passer la nuit dans des villes qui leur sont inconnues. Il existe dans diverses localités des refuges (1) parmi lesquels nous signalerons ceux de San Remo, Gênes et Naples.

L'œuvre, si digne de sympathie, qui a déjà 25 ans d'existence et qui étend ses ramifications dans tout l'univers, peut, pour ainsi dire, prendre par la main et guider jusqu'à leur destination, ses protégées en les recommandant de ville en ville, même quand il s'agit d'un long voyage comme celui de Rome à Bombay et à Buenos-Ayres.

Mais le poste d'honneur revient sans aucun doute au *Comité italien contre la traite*, qui, grâce à l'activité de l'honorable M. Luzzatti et du docteur Garofalo, n'a rien négligé pour appeler l'attention du public sur ce grave problème (2).

(1) Il faut inscrire dans le livre d'or de la philanthropie les noms de Mmes Tiedemann et Meuricoffre. La première, femme du consul général de Hollande à Gênes, a créé l'asile dans cette ville ; la seconde a fondé celui de Naples qu'elle continue à surveiller. Ces deux refuges, quoique protestants, ne font aucun prosélytisme religieux et reçoivent tout aussi bien les jeunes filles catholiques. Dans l'un et dans l'autre on accueille également les jeunes filles et femmes étrangères, ce qui rend leur œuvre d'autant plus recommandable.

(2) En mai dernier le Comité central a adressé aux syndics et aux curés d'Italie une circulaire, inspirée par les plus nobles sentiments pour leur demander leur coopération dans cette lutte difficile et

De nouveaux sous-comités ont été fondés dans différentes provinces. A ceux qui existaient déjà on a transfusé une nouvelle vie : nous citerons entre autres

faire appel à leurs bons offices dans les recherches à faire et dans les mesures même internationales à prendre dans chaque cas qui leur serait signalé. Nous citerons ici, pour lui rendre hommage et pour lui donner une publicité encore plus grande ce beau document :

« D'accord avec le mouvement international inauguré depuis quelques années dans plusieurs pays civilisés de l'Europe, il s'est créé également en Italie un Comité pour réprimer la traite des blanches, cet odieux trafic auquel se livrent certains individus abjects afin d'alimenter le vice, en entourant de leurs embûches et de leurs artifices criminels de pauvres jeunes filles ignorantes, rendues faibles et inconscientes par la misère, qui, *attirées par le mirage des promesses mensongères*, se laissent entraîner dans ce cercle fatal du vice, d'où elles ne pourront plus sortir que l'âme corrompue et le corps contaminé.

« Le Comité italien, qui depuis un an fait une enquête sur l'extension de ce fléau dans notre pays, a pu se convaincre que dans certaines provinces de l'Italie, ces trafiquants de chair humaine tentent fréquemment d'accomplir leur œuvre.

« Nos représentants à l'étranger nous signalent que beaucoup de grandes villes à l'étranger abondent en malheureuses Italiennes poussées à s'expatrier sous des promesses mensongères et qui, se trouvant éloignées de leur propre pays natal, ne connaissant ni la langue ni les usages étrangers, ont été obligées de se prostituer.

« C'est spécialement en France que ces faits douloureux s'observent le plus nombreusement et ceux qui les ont étudiés ont constaté que le mal concorde avec l'exode des jeunes filles racolées en Italie pour travailler dans les ateliers français.

« Ce fait, déjà signalé par les enquêtes ouvertes dans plusieurs provinces de l'Italie méridionale sur le trafic des enfants, se trouve confirmé par les renseignements spéciaux fournis en France sur la traite des femmes.

« En présence de ces faits dégradants, le Comité italien contre la traite des blanches a décidé de les signaler à l'attention des autorités gouvernementales et communales, des révérends curés, des fonctionnaires chargés de l'hygiène publique, des médecins, des instituteurs et en général de tous les pères de famille, de toutes les mères *de tout rang, de toute opinion politique et de toute croyance reli-*

le Comité milanais, qui, après être resté bien des mois inactif, a pu en quelques semaines, grâce principalement à un don anonyme de 10.000 lire, réunir

gieuse, afin que toutes *indistinctement* s'unissent à lui pour combattre ce mal honteux.

« Le moyen le plus efficace pour atteindre ce but est certainement celui de *répandre par le meilleur mode possible la connaissance du trafic innommable*, afin que les pauvres jeunes filles ignorantes et inexpérimentées soient mises en mesure de résister aux tentations dirigées contre leur honnêteté. Des milliers d'entre elles, qui ont quitté leur pays avec l'espoir de trouver du travail honnête et rémunérateur, ont été forcées par la misère, les menaces et les embûches d'entrer dans la voie du vice au bout de laquelle il n'y avait pour elles que la ruine.

« *Dans tous les pays d'Europe et d'Amérique on a recueilli des preuves certaines de l'existence d'un véritable commerce de femmes à tel point que les gouvernements civils ont résolu de le combattre au moyen de lois et de traités internationaux.*

« Le Comité italien fait chaudement appel à votre concours pour répandre ces renseignements qui doivent pénétrer dans la grande masse du peuple, au milieu duquel les trafiquants cherchent leurs victimes. Si chacun parvient par son action individuelle, à sauver rien qu'une seule jeune fille, il pourra se féliciter d'avoir obtenu le plus grand résultat de sa noble initiative.

« Le Comité acceptera volontiers toute information pouvant intéresser la question, et il provoquera des enquêtes et des mesures internationales pour tous les cas qui nous seront signalés.

« Confiant dans l'aide de tous les gens de bien pour cette œuvre sainte, nous vous prions d'agréer d'avance toute notre reconnaissance pour tout ce que vous pourrez faire.

Le Président,
Luigi LUZZATTI, député au Parlement.

Vice-secrétaire,
Docteur Alfred GAROFALO.

Il résulte des lettres envoyées au Comité romain que l'effet attendu de cette propagande a été obtenu. Le docteur Garofalo nous a fait savoir qu'à la suite de cette circulaire l'évêque de Sessa Aurunca (Caserte) a écrit une très belle lettre pastorale sur la traite des enfants et des femmes dans la province de Naples.

ces fonds pour la création d'un refuge (1). Le comité de Rome s'est assuré la précieuse coopération du commissariat de l'émigration et a de plus fait intervenir dans plusieurs cas suspects d'offres d'emplois à l'étranger (entre autres celui des *Kellnerinnen* du Caire), la direction générale de la sécurité publique.

*
* *

L'exposé de ce qui a été fait dans ces derniers temps pour la répression de la traite serait incomplet, si nous ne parlions point d'un événement des plus importants (2); celui de l'appel adressé récemment par la France aux nations civilisées en vue d'étudier les moyens de rendre légalement plus efficace l'action privée, et d'obtenir à cet effet l'adhésion et la réunion à Paris des représentants des gouvernements.

Cette idée avait été dès le début combattue à outrance par les libéraux et dénoncée comme dangereuse; on en avait entouré d'obstacles la réalisation.

(1) Le Comité milanais a pour président honoraire le sénateur Mussi et pour présidente effective Mme Ersilia Majno Bronzini. Les fonds réunis s'élèvent à plus de 70.000 lire. Le Comité a dès maintenant signé le contrat d'achat d'un bâtiment avec une grande étendue de terrain pour pouvoir s'agrandir.

(2) Le Congrès international qui a eu lieu à Francfort-sur-le-Main les 3 et 4 octobre 1902 a été très important parce qu'on y a discuté et défini le programme des Comités régionaux, en les coordonnant avec les délibérations de la Conférence officielle de Paris.

Beaucoup taxaient cette démonstration de puritanisme exagéré; les sceptiques la ridiculisaient comme inutile *a priori*. Ces hostilités faisaient regarder comme très problématique la convocation de la Conférence internationale contre la traite. Elle avait été prorogée en juin et paraissait devoir être ajournée indéfiniment. Cependant elle put enfin se réunir à Paris le 25 juillet 1902. Seize États y prirent part en y envoyant trente-huit délégués (1).

Ce fut le premier triomphe signalé du féminisme ! Cette Convention de Paris n'était pas appelée à rechercher la solution de problèmes économiques, de questions territoriales. Elle se réunissait pour atteindre un but hautement moral de solidarité humaine au profit de la femme ! Spectacle encore plus nouveau : on allait étudier au point de vue international des sujets considérés généralement comme d'ordre purement intérieur et des réformes ressortissant d'ordinaire à la législation purement nationale. La contradiction ne pouvait être plus flagrante. Aussi M. Buzzati put-il faire observer que, au moment même où dans leurs rapports politiques les États tendaient à affirmer jalousement leur autonomie indépendante, la Conférence de Paris avait démontré que le sentiment de la charité et de la justice brise les liens de l'égoïsme national et se répand souve-

(1) L'Autriche, la Belgique, le Brésil, le Danemark, la France, l'Allemagne, la Grande-Bretagne, l'Italie, la Norvège, les Pays-Bas, le Portugal, la Russie, l'Espagne, la Suisse, la Hongrie.

rainement dans le monde (1). On put craindre un instant de voir les mêmes difficultés, les mêmes équivoques qu'on avait rencontrées pour la réunion de la Conférence se représenter dans son sein au cours des séances. Les délégués étaient à la vérité convaincus de la gravité des obstacles sérieux qu'ils allaient avoir à surmonter. Ils se sentaient envahis par le découragement et par le scepticisme dont était saturé le milieu ambiant. On eût dit que l'on ne voulait pas admettre que la Conférence avait été réclamée par la conscience universelle du monde civilisé. L'impression produite sur le grand nombre était celle d'une descente dans l'arène à opérer avec un beau geste d'héroïsme poétique. Et ce geste-là semblait au-dessus des forces de ceux qui acceptaient de s'y résoudre, tout en se disant qu'il était disproportionné à leur courage et à leur compétence. L'auteur de ces pages dut avouer que ce fut bien ce sentiment qu'il éprouva à la première séance de la haute assemblée, quand, pour employer l'expression bien exacte de M. Ferdinand Dreyfus, tous les États eurent à faire leur *examen de conscience* (2), en exposant les conditions présentes de leurs législations respectives.

(1) V. le numéro unique déjà cité des *Schiave bianche* publié par les soins du Comité milanais.

(2) Nous renvoyons le lecteur au bel article de M. Ferdinand Dreyfus dans la *Revue philanthropique* du 10 août 1902 : *La Conférence internationale pour la répression de la traite des blanches*; on y trouvera en

Chaque pays reconnut, il est vrai, implicitement et indirectement, en adhérant à la Conférence, l'existence du mal et la nécessité d'y remédier ; seulement les déclarations des divers délégués avaient un accent auquel on ne pouvait se tromper; ce n'étaient point des aveux de faiblesse mais plutôt un ensemble d'habiles défenses et d'ingénieuses démonstrations ayant pour but de prouver que tout était pour le mieux dans chaque pays ! Or les lacunes de presque toutes les législations apparaissaient clairement dans cet examen ! On n'envisageait généralement pas le crime de la traite même : deux ou trois États à peine et dans le nombre l'Italie, sous l'article 3 de la nouvelle loi sur l'émigration, le désignaient nettement; quant aux autres, ils invoquaient des interprétations et des applications de texte qui s'y rapportaient plus ou moins indirectement, mais personne ne voulait signaler ces discordances. Après avoir épuisé dans un jeu inutile et innocent la rapide provision de forces dont disposaient les divers pays ou qui, pour parler plus exactement, leur manquaient, la Conférence commença son travail vraiment utile de législation, d'administration et de procédure. conformément à l'ordre du programme proposé par le gouvernement français. Mettant alors de côté tous les points de vue mesquins, l'esprit de la plus haute

quelques pages un résumé très clair des travaux de la conférence, auquel M. Dreyfus lui-même prit une grande part.

solidarité humaine présida à la discussion et un sentiment de charité et de fraternité se substitua à toutes les rivalités et à tous les dissentiments.

Sous cette assemblée de paix et de concorde le grand poète aurait retrouvé *le majestueux embrassement du genre humain sous le regard de Dieu.*

*
* *

Résumons dans ses grandes lignes l'œuvre de la Conférence de Paris.

Dans le domaine législatif elle chercha avant tout à définir le corps du nouveau délit : celui-ci n'est pas exclusivement le proxénétisme, le rapt ou l'excitation à la corruption, mais il résulte au contraire de fragments de divers délits ou crimes et de divers actes successifs accomplis d'ordinaire dans différents pays, ces faits permettant de le qualifier plutôt de *délit ambulant.*

Quels sont les caractères de ce crime?

La Conférence a proclamé que *doit être puni quiconque, pour satisfaire les passions d'autrui, a embauché, entraîné ou détourné, même avec son consentement, une femme ou une fille mineure en vue de la débauche, alors même que les divers actes qui sont les éléments constitutifs de l'infraction auraient été accomplis dans des pays différents.*

Pour les femmes majeures le délit doit être accompagné de certaines circonstances aggravantes, telles que la violence, les menaces, l'abus d'autorité et tout autre moyen coercitif.

Le lecteur remarquera qu'il est établi ainsi une distinction entre les femmes majeures et les mineures.

Pour ces dernières l'article voté en dernier lieu met au même rang, pour prendre leur défense, les esclaves volontaires et involontaires. La raison en est facile à saisir : le problème à résoudre était celui de la rédemption de la femme et l'on assimile à celles qui sont trompées et leurrées les mineures consentantes, mais légalement incapables de contracter valablement un engagement quelconque.

Quant aux femmes majeures on a pu se demander si le Congrès de Paris ne péchait pas par timidité en limitant leur protection aux seuls cas d'enrôlement par violence ou tromperie. Cette opinion, professée par beaucoup de membres, est aussi la nôtre. M. Feuilloley, avocat général à la cour de cassation, et M. Puibaraud, directeur de l'Office des recherches à la préfecture de Police, ont déjà affirmé, en se basant sur leur propre expérience, que si le fait de proxénétisme n'était pas considéré comme criminel dans tous les cas, la répression ne pourrait être efficace, parce que la traite s'exerce principalement sur les femmes majeures. Il est d'autre part incontestable que l'être humain ne peut former un objet de commerce et que le trafic des femmes, dans un but immoral, fait par une tierce personne, revêt un caractère illicite. La femme, encore que majeure, n'est-elle pas toujours la grande enfant, faible et digne de défense? Malheureusement il manquait au sein de la Conférence les plus capables représentants de cette école et la majorité craignit d'aller trop loin en considérant comme crime le proxénétisme, pour laisser à la femme majeure toute liberté, pourvu qu'il n'y ait pas d'intermédiaire.

La Conférence se contenta de mesures qui réalisaient cependant un progrès déjà considérable, d'autant plus — et ceci est d'une grande importance — qu'elles ne représentaient que le minimum du programme. Chaque État est libre d'adopter des mesures de répression plus larges et plus sévères, en concordance avec ses conditions ethnographiques physiques et morales. Mais il est incontestable que les bataillons de misérables conduites à l'autel du vice, pour s'y agenouiller sous le joug de l'infamie, sont aujourd'hui principalement, comme nous l'avons déjà montré, composés de femmes majeures et de mineures se disant majeures en produisant un faux acte de naissance qui n'est pas le leur. L'œuvre de la Conférence reste lettre morte pour elles, si le programme minimum que les délégués ont recommandé à l'approbation de leurs gouvernements respectifs pour le transformer en convention diplomatique était adopté, comme il est probable, dans sa forme originale. Il est toutefois juste de reconnaître qu'il y a eu de très fortes objections de la part des adversaires. En s'y ralliant, les pays qui ont une réglementation de la prostitution se seraient trouvés en difficile posture vis-à-vis des propriétaires ou locataires des maisons de tolérance. La prudence l'a emporté sur la générosité; toutefois il est certain que dans ces nouvelles luttes prochaines, on verra les prudents prendre la défense de ce qu'ils ont cru devoir combattre jusqu'alors.

Le crime étant admis avec le devoir de le punir avant tout sur son propre territoire, il reste à savoir s'il sera puni également sur le territoire d'autrui. On a laissé aux diverses législations la faculté de prendre des décisions à cet égard et de déterminer conformément à l'esprit de la loi respective dans chaque pays quelle peine il y aura à infliger aux coupables. Cependant la Conférence s'est prononcée à l'unanimité sur la nécessité d'accorder l'extradition pour la traite. Elle a stipulé sagement qu'en vue d'éviter des conventions additionnelles, le criminel devait être inscrit de plein droit « au nombre de ceux qui donnent lieu à l'extradition en vertu des conventions en vigueur ».

Pour les commissions rogatoires nécessaires on a adopté la communication directe entre les autorités judiciaires. Cette mesure avait pour but d'éviter les lenteurs bureaucratiques bien connues. On a visé ensuite la communication réciproque des condamnations des trafiquants quand les faits criminels avaient été accomplis dans différents pays.

Sur la question de la compétence internationale

la discussion a été toutefois écartée parce qu'on l'a considérée non seulement comme difficile mais aussi comme inutile. Le droit commun suffit pour assurer la punition des coupables, mais cette attitude de souveraine prudence, de réserve, n'amènera-t-elle pas à accorder, dans certains cas de conflit international, l'impunité ?

* *
*

En attendant que cet accord international entre les lois pénales des différents pays pour ce qui regarde la traite puisse être observé, les gouvernements peuvent d'ores et déjà commencer à agir, en appliquant des mesures administratives.

Celles-ci, n'ont en effet, pour être mises immédiatement en vigueur, pas besoin de soutenir, comme les mesures législatives, le long et difficile examen des assemblées des pays parlementaires.

Cet accord administratif (*projet d'arrangement*), contient des dispositions d'un ordre plus contingent et plus variable que les conventions, comme l'indique le distingué rapporteur, M. Renault. Il est par conséquent plus facile d'y apporter des modifications.

Ces mesures sont destinées *à paralyser le trafic*, *à le constater quand il se produit* et à *protéger les malheureuses femmes qui en sont les victimes.*

Un bureau central sera établi dans les États où il n'existe pas encore (et ce sont les plus nombreux) en vue de réunir toutes les informations sur l'enrôlement des femmes pour la traite. Ce bureau pourra correspondre directement avec les offices analogues des autres États contractants.

La surveillance la plus active sera exercée, dans les stations de chemins de fer, dans les ports d'embarquement et au cours du voyage sur les intermédiaires et leurs victimes. Les agents chargés de ce soin recevront des instructions en même temps qu'ils auront la faculté de se procurer dans les limites légales toutes les indications de nature à mettre l'autorité sur les traces des coupables (1).

Les gouvernements s'engagent en outre à faire recevoir, le cas échéant, les déclarations des femmes étrangères adonnées à la mauvaise vie pour établir leur identité et leur état civil et rechercher qui les a poussées à abandonner leur pays natal.

Viennent ensuite les dispositions pour rembourser les frais de rapatriement lorsque les familles ne peuvent les supporter. Ceux-ci sont à la charge de l'État où réside la victime de la traite qui sera reconduite à la plus proche frontière ou à un port d'embarquement pour être dirigée vers le pays d'origine. Ce dernier aura à payer le restant du

(1) Le gouvernement italien, au moyen du commissariat de l'émigration, est déjà entré dans cette voie ; les inspecteurs de l'émigration dans les ports de Gênes, Naples, Palerme, et les médecins du gouvernement qui accompagnent les émigrants sur les vapeurs transatlantiques sont chargés de surveiller le trafic des femmes et d'en faire un rapport.

voyage. Il eût été peut-être plus digne et plus utile de laisser à chaque État l'obligation de pourvoir entièrement à ce rapatriement de ses propres nationaux. Trop souvent le pays où la victime a été expédiée et découverte a, outre l'intérêt pécuniaire, des raisons morales de tenir sa honte cachée. Il y a ainsi des métiers vils qu'on laisse volontairement entre des mains étrangères !

La Conférence n'a toutefois pas laissé échapper à son examen parmi les mesures nécessaires d'ordre administratif, celles qui concernent les agences de placement sur lesquelles on réclame la surveillance du gouvernement (1).

*
* *

Au cours de cette rapide étude de l'Œuvre de la Conférence internationale, nous avons omis de nous occuper de ce que l'on a très justement appelé « une nouveauté intéressante ». Nous voulons parler de l'invitation adressée officiellement, dans le projet d'accord, aux sociétés philanthropiques d'assistance à l'effet de joindre leur action à celle des administrations publiques par rapport à la femme.

(1) Nous regrettons que les limites restreintes de notre travail ne nous permettent pas de reproduire ici en entier le très intéressant mémoire présenté par le ministre de Suisse, M. Lardy, sur les mesures intercantonales adoptées dans la République helvétique pour surveiller les agences de placement et protéger les jeunes *Suissesses* employées à l'étranger (Concordat de mai 1875).

Cette idée, qui avait déjà été adoptée par la France dans le même esprit de protection des faibles par les dispositions de la loi sur les enfants traduits en justice, fut également introduite dans la convention internationale.

Dans le cas présent les gouvernements s'engagent à confier à titre provisoire, et en vue d'un rapatriement éventuel, les victimes de la traite, quand elles sont dépourvues de moyens, à des institutions de bienfaisance publique ou privée ou à des particuliers offrant les garanties voulues. On a jugé cette résolution indispensable. En effet, les malheureuses, dont le rapatriement peut être retardé, soit parce que leur présence est jugée nécessaire dans le procès intenté à leur souteneur, soit pour toute autre raison administrative, sont considérées comme des victimes et non comme des complices. Leur démoralisation ne doit en aucun cas être augmentée par les horreurs de la prison, le caractère et les limites de cette assistance charitable ayant été naturellement laissés à l'appréciation de chaque pays contractant. La Conférence s'est contentée d'avoir appelé par cette démarche l'attention des gouvernements sur la nécessité d'établir une collaboration entre les pouvoirs publics et l'initiative privée.

***

Nous n'avons donné ici qu'un pâle résumé des travaux de la Conférence. Dans l'examen du problème soumis à ses délibérations. Elle a su avec un esprit de sagesse et de conciliation résoudre toute une série de difficultés d'ordre technique et périodique autant que d'ordre administratif et public. Presque toutes ses résolutions ont été prises à l'unanimité des voix.

L'importance capitale du résultat obtenu ne peut, à première vue, être appréciée à sa juste valeur. On a visé toute une série de dispositions d'une utilité pratique incontestable et d'une application immédiatement possible. On a soumis de graves réformes à l'approbation des pouvoirs législatifs et l'on a émis et enregistré dans ce protocole annexé les vœux généreux dont la résolution aurait dépassé les pouvoirs des délégations.

Il appartient maintenant aux gouvernements contractants d'approuver les propositions que leurs représentants ont acceptées au *referendum*. Nous croyons pour notre part que l'Italie ne sera pas la dernière à adopter ce programme de la Conférence de Paris.

Mais en admettant que notre pays comme les autres entre dans cette nouvelle Sainte Alliance, et que les États qui n'ont pas répondu au premier appel donnent tous leur pleine et entière adhésion, pourrions-nous croire alors la traite des blanches définitivement abolie ?

Il serait souverainement naïf de s'imaginer que l'on peut d'un simple trait de plume résoudre les plus grandes questions sociales ! Les mesures adoptées par les pouvoirs civils par rapport à la traite serviront à diminuer jusqu'à un certain point le mal. Elles décimeront peut-être les bataillons de ce misérable prolétariat du plaisir, mais à quoi bon tant de réformes législatives et administratives, si l'initiative privée, bien plus forte que l'action publique, et à laquelle, comme nous l'avons vu, les délégués officiels ont tendu la main, n'apporte pas de son côté une aide efficace aux efforts des États ?

Nous avons dans cette lutte besoin du concours de tous, mais principalement de celui de la femme. On ne saurait mieux dire que M. Guibert en parlant de l'influence féminine : *si les hommes font les lois, les femmes font les mœurs*. C'est cette réforme salutaire des mœurs que nous attendons de l'apostolat féminin qui devrait prendre en mains plus efficacement et plus directement la cause de la répression de la traite. Nous avons parlé plus haut des associations féminines qui ont déjà arboré le drapeau abolitionniste, mais hélas, il faut bien l'avouer douloureusement, la grande majorité des femmes italiennes ne s'enrôle point dans cette courageuse phalange !

L'apathie et l'indifférence — qu'on nous permette de le rappeler — ne viennent pas d'un manque de sentiment : la femme a toujours un *instinct céleste pour le malheur*. Ce sont les mœurs et l'éducation qui empêchent encore généralement, quoiqu'on ait déjà fait certains pas en avant, la femme de s'occuper de certaines misères morales, intéressant cependant directement le sexe féminin. La majorité des femmes ignorent encore l'existence ou ne connaissent pas les douleurs de toute une catégorie de parias, pauvres créatures plus malheureuses que coupables, souvent victimes et toujours faibles. Pourquoi ne pas s'occuper d'elles, pourquoi ne pas les protéger, pourquoi ne pas les mettre en garde contre le péril ?

Et si les mesures préventives restent malheureusement en retard, pourquoi la main charitable de la femme ne se tendrait-elle pas à celle qui est tombée pour l'aider à se relever ? N'est-elle pas digne de la plus profonde pitié, cette pauvre égarée que le courant de la misère a entraînée dans l'abîme du vice? Aucune théorie, aucune religion ne peut justifier l'abandon où ces malheureuses sont laissées par celles de leurs semblables à qui la vertu et la droiture de la vie deviennent faciles grâce à leur éducation et à leur aisance. Que les mères, en embrassant leur petite fille, pensent à ces pauvresses qui furent, elles aussi, des petites créatures gentilles et innocentes lorsqu'elles jouaient dans leur joie enfantine sur les genoux maternels (1) !

Que l'appel aux femmes soit accompagné avant tout d'un tableau franc et net de l'état actuel des choses !

C'est à cette propagande morale, civile et religieuse entreprise par la femme que nous devrons de ne plus voir notre émigration figurer au premier rang des métiers infâmes.

(1) V. l'article de la *Gazzetta di Torino* du 16 juin 1902, inspiré par ces sentiments.

TROISIÈME PARTIE

AUTOUR DES MALADES ET DES DÉSHÉRITÉS

L'ASSISTANCE AUX ÉTRANGERS EN FRANCE ET L'ÉMIGRATION ITALIENNE

Il y a certains problèmes sociaux qu'on se plaît à ajourner indéfiniment en dépit de leur importance capitale. Dans cet ordre d'idées, il faut signaler en tout premier lieu la question de l'assistance aux étrangers.

Tandis qu'on ne se lasse point de parler partout de la solidarité internationale, c'est à peine si une petite minorité réussit à appeler de temps à autre l'attention du public sur un sujet dont l'intérêt est si général. Il y a pourtant quelque chose d'injuste dans la distinction qu'on voudrait établir entre des gens qui, sous le même drapeau, contribuent en faveur du même pays aux mêmes œuvres, alors qu'on n'invoque pour seul motif de cette inégalité de traitement que la différence d'origine de ceux auxquels on l'applique.

On dirait que les peuples ne sont pas assez mûrs pour savoir attribuer au travail industriel la même valeur morale qu'à ce qui se manifeste sur les champs de bataille. Ceux qui trouveraient révoltant de refuser les soins d'ambulance nécessaires à un volontaire étranger blessé pour la cause nationale, admettent comme la chose la plus naturelle du monde qu'on expulse, en lui refusant le droit de séjour, un étranger qui a travaillé et souffert, en tombant victime de ses efforts au profit de la communauté qui n'est pas celle de son pays... Étrange contradiction !

*
* *

Quiconque a pris part à n'importe quel congrès d'assistance sait que la question des indigents étrangers y reparaît périodiquement. Mais comme le flux et le reflux de la mer, elle se trouve régulièrement rejetée. Le dernier Congrès de Milan (1) a suivi sous

(1) Parmi les quatre-vingt-dix et quelques congrès organisés à Milan, à l'occasion de sa dernière grande Exposition internationale, la place d'honneur revient incontestablement à celui de l'Assistance publique et privée qui eut lieu dans la capitale de la Lombardie, du 23 au 28 mai 1906. La valeur et l'étendue du domaine de l'Assistance, la très haute et sympathique personnalité du regretté président du Congrès, M. Casimir Périer, le nombre et la qualité des adhérents en sont la preuve. Le programme très intéres-

ce rapport les errements du passé. On admettra avec nous qu'il était peut-être excessif d'y soulever ce débat pour arriver à enregistrer de simples vœux platoniques. « Le profit d'un congrès », a écrit quelque part un homme compétent en la matière, le docteur Muensterberg, « réside essentiellement dans le rapprochement d'âmes entre étrangers. » Or, ce rapprochement ne put avoir lieu sur ce terrain en 1906, car, après une élégante passe d'armes entre M. Buzzati, le très distingué professeur de droit international à l'Université de Pavie, rapporteur, et M. Mirman, de la délégation française, on procéda à un enterrement en règle de la discussion qui fut renvoyée à une conférence diplomatique...

Fort heureusement les représentants italiens au sein du Comité international des Congrès d'assistance réussirent, l'année suivante, à faire mettre à l'ordre du jour du prochain Congrès de Copenhague la question de l'assistance aux étrangers. On a créé alors un Bureau international permanent pour l'étude de ce problème. Le bureau qui aura son siège à Paris jusqu'à 1910, se compose de quatre membres fran-

sant, bien que très peu chargé, aida aussi au succès de l'entreprise. Les questions soumises aux délibérations des hautes assises de Milan (cinq en tout) portaient sur des controverses de la plus grande actualité. En tête de celles-ci, figurait par ordre aussi d'énumération, celle relative à l'*assistance aux indigents étrangers*. L'auteur expose ici pourquoi il a cru devoir remettre à l'ordre du jour cette *vexata quæstio*, qui intéresse à un si haut point l'émigration italienne.

çais du Comité international et de tous les membres étrangers dudit comité qui ont la possibilité de se rendre à Paris pour participer aux travaux du Bureau. Le rapporteur ne sera pas un français, ni un italien non plus, les deux pays étant trop intéressés et ayant des vues tout à fait contraires sur la matière.

Quelles seront les décisions du Bureau ?

*
* *

Deux solutions se présentent tout de suite à l'esprit lorsqu'on envisage le problème de l'assistance aux indigents étrangers : la motion libre-échangiste d'une part et la motion protectionniste de l'autre.

La première fait siens les grands principes sur lesquels reposent les sentiments humanitaires, ces sentiments mêlés de tristesse et d'amour, de charité et de fraternité. Il paraît si naturel, lorsqu'il s'agit d'un malade à secourir, qu'on ne lui demande pas, comme le disait si éloquemment Pailleron dans son discours à l'Académie, « ni d'où l'on vient, ni ce qu'on pense, ni ce qu'on est, mais si l'on souffre (1) ». Qu'importe qu'il soit étranger ? Même dans les civilisations les plus anciennes, on donne la place d'honneur aux étrangers pauvres. Dans le πτωχὸς ξεῖνος, les Grecs devinaient l'individu envoyé et chéri par les Dieux. On sentait alors, nous citons

(1) 20 novembre 1884.

les mots d'Aristote, « ce qui était juste, en dehors de la loi écrite (1) ».

Il y a, en effet, des droits et des libertés que les lois doivent reconnaître non seulement aux indigènes, mais encore aux étrangers. C'est la justice généreuse du cœur humain, plus clairvoyante au fond et plus infaillible dans son équité que la justice inflexible de l'esprit. Ces idées, du reste, qu'on se plaît maintenant à taxer de poétiques, ont trouvé toujours, surtout en France, des partisans ardents. Sans remonter à l'époque éloignée du Concile de Tours (567), il nous suffit de rappeler que ces principes ont été soutenus par Rousseau, Condorcet, Montesquieu, et par une des plus grandes autorités en fait de questions d'assistance, La Rochefoucault-Liancourt (2). Tous ces sociologues ont admis sans aucune restriction le droit de n'importe quel indigent aux secours publics. C'est enfin la noble théorie adoptée par la Révolution française qui plaçait l'assistance dans la catégorie des droits civils ou sociaux reconnus à tout individu. « La France libre doit ouvrir son sein à tous les peuples de la terre en les invitant à jouir des droits sacrés et inviolables de l'humanité... La Nation étend sa protection sur tous

(1) Cfr. dans les *Atti del Reale Istituto veneto di scienze, lettere ed arti*, l'étude si érudite du docteur Alexandre Levi, sur les mendiants dans les poèmes homériques.

(2) V. l'intéressant ouvrage de M. Ferdinand Dreyfus sur ce grand philanthrope.

les déshérités, sur tous les invalides de la vie. » Elle s'inspire, suivant le mot de Condorcet, d'une compassion tendre et active pour tous les maux qui affligent l'espèce humaine. Paroles généreuses qui trouvent leur confirmation dans le rapport Bo sur la loi du 24 vendémiaire an II. « Il faut faire taire toutes les lois pour ne laisser parler que l'humanité. »

*
* *

La seconde théorie repose sur une conception absolument différente de la personnalité de l'État et de la nature des liens de droit public existant entre la nation et les citoyens (1). Elle a aussi ses traditions historiques, car au moyen âge on faisait des distinctions entre les Français, les « aubains » (c'est-à-dire nés dans des pays connus) et les « épaves » (c'est-à-dire hommes et femmes nés hors du royaume, en lieux si lointains que l'on ne peut dans le royaume avoir connaissance de leur nativité). Mais il est bon d'ajouter que si ces distinctions étaient assez puissantes pour restreindre tout droit de l'étranger, elles n'existaient pas dans le domaine de l'assistance. Une seule citation suffit à le démontrer; nous l'empruntons à la brochure mentionnée par Éveillé et Sirey dans leur Répertoire.

(1) Plusieurs auteurs, entre autres M. Emile Chevallier (*La loi des pauvres et la société anglaise*, Paris, 1885, p. 8), sont d'avis que l'Assistance publique ne constitue pas une fonction essentielle de l'État.

L'état au vrai des biens et revenus de l'Hôtel-Dieu de Paris ; « L'Hôtel-Dieu est ouvert indifféremment à toutes sortes de malades des contrées de la terre et de quelque religion qu'ils soient : on y reçoit même les Turcs. »

Les partisans de la théorie protectionniste ne pouvant méconnaître ce qu'on a fait dans les temps passés, observent que lorsque la France appliquait ces principes généreux d'assistance universelle, il n'y avait que quelques milliers d'étrangers sur toute l'étendue de son territoire. De plus, le droit international moderne aurait changé entièrement, d'après eux, toute la question. Les protectionnistes s'efforcent en effet de faire établir des distinctions subtiles entre les États *immigrateurs*. Il y aurait d'un côté les pays qui interdisent l'accès de leur territoire aux étrangers qu'ils jugent se trouver dans l'impossibilité de subvenir par leur travail aux besoins de leur existence, et de l'autre ceux qui ne font aucune sélection des émigrants se présentant à la frontière, mais leur laissent leurs portes grandes ouvertes, sans leur imposer aucune condition spéciale. Les premiers accepteraient, par le fait de l'interdiction, des devoirs vis-à-vis des étrangers, que les autres, dans leur système de liberté, n'assumeraient pas. Les partisans de ces principes protectionnistes tirent de leurs théories la conclusion que la France doit se tenir rigoureusement au régime du remboursement des frais de traitement d'un étranger par l'État auquel il est ressortissant. Ils crient sur tous les toits qu'ils défendent le budget du contribuable français, comme si l'étranger n'était pas, lui aussi, un contribuable. Qu'importe qu'il ne paie pas son tribut du sang par le service militaire ! Cette exclusion n'est-elle pas compensée par l'autre qui lui enlève tout droit politique ?

Dédaignant ces opérations arithmétiques, les libres-échangistes se plaisent à prêcher une solution plus simple et plus naturelle : ils proclament la nécessité de l'assimilation complète des étrangers aux nationaux, au point de vue de l'assistance légale, avec la réciprocité la plus parfaite.

*
* *

Deux solutions entièrement différentes se trouvent ainsi en présence.

Quelle est la meilleure pour la sauvegarde des intérêts du pays et des droits de l'humanité ?

Y a-t-il une jurisprudence, déjà admise ailleurs, à cet égard ? Il est en effet bien naturel lorsqu'il s'agit d'une question complexe qui n'est plus circonscrite à un seul pays, de regarder autour de nous pour observer ce que font les autres, l'analyser et... nous instruire.

C'est à ce sentiment que nous obéissons pour examiner ici, d'une façon sommaire, la législation des autres pays sur la question du traitement des indigents étrangers.

Si l'on regarde autour de la France, l'on voit que le sentiment d'humanité a réussi à vaincre toute question d'argent et de nationalisme. Le domaine de l'assistance n'est plus exclusivement national.

Les hôpitaux anglais ouvrent leurs portes à tout le monde : les secours sont donnés à l'étranger dans la même mesure qu'à l'indigène n'importe en quelle partie du Royaume Uni. Les étrangers y ont même *droit* au secours, car ils bénéficient de la *Poor law* comme s'ils étaient naturalisés ou même Anglais de naissance. Ni le gouvernement libéral, ni le gouvernement conservateur n'ont jamais songé à réclamer aucun remboursement pour les frais de traitement des malades étrangers. La Grande-Bretagne, sur ce terrain aussi, n'a rien à apprendre : les principes du libre-échange qui forment sa force économique sont également en matière d'assistance sa force morale.

Si, de la grande voisine insulaire, nous nous tournons vers la petite Belgique, nous voyons que l'esprit le plus humanitaire et le plus libéral y a présidé à l'orientation de la législation hospitalière. Il suffit de citer l'article 4 de la loi du 14 mars 1876 qui consacre le droit de l'étranger à l'assistance. Comme simple commentaire à ces dispositions, rappelons en quels termes élevés le rapporteur y posait les véritables principes de la charité : « Tous les indigents, disait-il, étant égaux devant la charité, sans distinction de nationalité, et l'étranger pouvant, comme le Belge, naître et habiter sur le territoire d'une commune, il n'y a nul motif pour que, dans les mêmes conditions, l'un n'y aurait pas, comme l'autre, droit aux secours publics. »

La jurisprudence allemande est également tout à fait libérale à l'égard des indigents étrangers.

La loi prussienne sur l'assistance dit expressément à l'article 64 que « ce devoir de pitié doit profiter aux catégories de tous les peuples ». La loi wurtembourgeoise (art. 47), et la loi hessoise (art. 20) déclarent aussi que « chaque étranger doit être traité comme un Allemand ».

En un mot, comme l'écrit si justement le baron de Reitzenstein (1), toutes les questions d'assistance reposent, dans l'empire voisin, sur deux principes : la reconnaissance complète de la personnalité humaine, et l'application pratique du commandement chrétien.

En Suisse, bien que la législation y soit un peu variable, suivant les cantons, il est de règle générale que les étrangers soient traités comme les nationaux.

Il en est de même pour la Russie, la Suède, la Norvège, le Luxembourg, etc., et si nous sortons de la vieille Europe à la recherche de la nouvelle civilisation, nous trouvons qu'au Japon on pratique l'hospi-

(1) *L'assistance aux étrangers en Allemagne*. Paris, 1893.

talité aux malades étrangers sur la plus vaste échelle, et que dans l'Amérique on ne fait pas de distinction entre les indigènes et les étrangers. Au cours de la discussion au dernier Congrès de Milan, le délégué chilien eut la note juste lorsqu'il rappela que les autorités civiles et sanitaires ainsi que les nombreuses sociétés de bienfaisance privées secourent tous les étrangers indigents, comprenant bien que la souffrance de ses derniers est aggravée par ce fait qu'ils sont loin de leur pays et qu'ils ne doivent pas être abandonnés.

Nous ne parlons pas de l'Italie, pays qu'on peut considérer comme partie trop intéressée, en raison de son puissant courant d'émigration, mais dont tous les efforts tendent à faire proclamer les principes de l'assistance obligatoire à tout être humain. On connaît du reste l'esprit éminemment libéral de la législation italienne et l'audacieuse innovation consacrée par notre Code civil, d'après laquelle l'étranger est admis à jouir des droits civils attribués aux citoyens, *sans aucune condition de réciprocité* (1). L'Italie a signé déjà avec l'Autriche-Hongrie, l'Allemagne, la Suisse, l'Espagne, la Belgique, etc., des conventions explicites pour le traitement gratuit des malades respectifs. Elle n'a pas de conventions avec la Grande-Bretagne, l'Amérique du Nord, la Suède, la Nor-

(1) V. Fiore, *Della condizione dello straniero secondo le leggi vigenti nel Regno d'Italia*, Napoli, 1903.

vège, la Grèce, le Portugal, mais une longue habitude et un accord tacite règlent la question d'après le droit humanitaire (1).

*
* *

Les partisans du système protectionniste nous objectent que les changements sont trop souvent dangereux : ils préfèrent s'en tenir en bons conservateurs aux dispositions de la loi actuellement en vigueur. Mais leur mémoire est bien courte : c'est justement leur système qui constitue une nouveauté en la matière pour la France. Les libres-échangistes ne demandent pas autre chose, en effet, que de faire machine en arrière.

Si une des dernières lois, celle du 15 juillet 1893, n'admet pas les étrangers au bénéfice de l'assistance médicale gratuite (2), l'article premier de la loi du 7 août 1851 prescrivait au contraire que « lorsqu'un individu privé de ressources tombe malade dans une commune, aucune condition de domicile ne peut être

(1) D'après l'article 77 de la loi du 17 juillet 1890, l'étranger, indépendamment de toute entente internationale, de toute circonstance de domicile de secours, a droit en Italie à l'assistance hospitalière aux frais de l'État.

(2) Il est vrai que le paragraphe 2 de l'article 1er porte que « les étrangers malades, privés de ressources, seront assimilés aux Français, toutes les fois que le gouvernement aura passé un traité d'assistance réciproque avec la nation d'origine ». Mais ces dispositions n'ont aucune valeur pratique, car la France n'a pas de traité de ce genre !

exigée pour son admission dans l'hôpital de la commune ». Or il est bon d'ajouter que cet article n'a pas été rapporté (1). Les nobles sentiments qui animaient le législateur français, il y a cinquante ans, sont confirmés dans le rapport présenté par M. de Melun à l'Assemblée législative, le 26 décembre 1850 : « Qu'il ne soit pas dit que, sur la terre de France, on demande à l'entrée de l'hôpital, non plus les plaies et les douleurs, mais le passeport du malheureux. » Et, dans une autre séance, l'éloquent orateur rappelait que « les hôpitaux avaient été créés pour les passants et les pèlerins, que l'étranger et le voyageur délaissés étaient sûrs d'y trouver un asile (2) ». Du reste, la législation actuelle en France en fait d'assistance aux étrangers paraît avoir bien des lacunes et des incertitudes. Ainsi l'on se demande, par exemple, si un étranger peut y acquérir ou non le domicile de secours ? Et les enfants des étrangers, nés en France, ont-ils le domicile de secours (3) ? *Adhuc sub judice lis est.* Un seul point reste pourtant établi d'après l'avis émis par le Conseil d'État, c'est que *les hôpitaux doivent, même en l'absence de toute obligation*

(1) Cfr. Derouin, *Traité d'assistance publique.* Paris, 1900, v. II, p. 594.

(2) V. aussi *Revue des établissements de bienfaisance*, 1896, p. 356.

(3) La jurisprudence n'est pas unanime sur ces questions. Cfr. les dissertations de Durieu et Roche, *Traité de comptabilité des établissements de bienfaisance* ; Dalloz, *Répertoire* ; Brousse, *De l'assistance publique* ; Eveillé, *L'assistance aux étrangers* ; Watteville, *Législation charitable*.

légale, continuer à recueillir, dans les conditions de l'article premier de la loi de 1851, les étrangers blessés, atteints de maladies aiguës et spécialement de maladies épidémiques (1).

C'est déjà un bon principe et un indice dont il aut tenir compte. Nous sommes heureux de constater en outre que les fortes positions du parti nationaliste sont assiégés de près par les partisans de la thèse libérale qui compte dans ses rangs des autorités comme Derouin, Worms, F. Dreyfus, etc., et qui est devenue déjà majorité dans l'importante *Société internationale pour l'étude des questions d'assistance* (2). C'est avec la plus vive satisfaction que nous rapportons ici les conclusions adoptées, après de longs et savants débats, par cette société, et qui sont entièrement favorables à l'assistance gratuite à l'ouvrier étranger : « On la lui doit parce qu'il a travaillé à la prospérité du pays dans lequel il a vécu. »

(1) Ces conclusions ont été adoptées par le Conseil supérieur de la Santé publique, dans la séance du 12 mars 1897, qui a approuvé aussi l'article 1er du projet Archambaud : Les malades indigents, atteints d'affections aiguës, devront être soignés dans tous les pays et sans aucune réserve.

(2) Il est consolant de voir les conquêtes faites en France par l'étude des principes du droit international. L'Institut qui tire son nom du *droit international* est d'avis que « l'entrée libre des étrangers sur le territoire d'un État civilisé ne peut être interdite, d'une manière générale et permanente, qu'à raison de l'intérêt public et de motifs extrêmement graves... *La protection du travail national n'est pas à elle seule un motif de non-admission* ». (*Annuaire de l'Institut de droit international*, t. XI, pp. 41 et 273.)

*
* *

Les considérants qui ont fait adopter cette motion nous montrent qu'à côté de la question morale, il y en a une seconde, économique, qui, en réalité, aussi bien pour les protectionnistes que pour les libéraux, prime toutes les autres.

Aux raisons, en effet, que nous puisons dans les sentiments d'humanité et de charité, l'on répond que les affaires sont toujours les affaires.

Laissons donc de côté les idées et suivons les adversaires sur le champ économique.

La question se pose ainsi :

En accordant aux étrangers, moyennant réciprocité, les mêmes droits à l'assistance dont jouissent les indigènes, la France ne ferait-elle pas un marché de dupe ?

Y a-t-il profit ou perte pour elle par le fait de l'émigration des étrangers ?

Il n'y a pas de doute qu'au premier abord, la solution, au point de vue matériel, ne paraît pas brillante. Si l'on ajoute foi, en effet, aux calculs de M. Pradon, il y aurait, en France, un étranger sur 12 ou 13 Français adultes, tandis qu'à l'étranger, on trouverait au maximum un Français sur 500 nationaux (1).

(1) D'après Foville, la disproportion ne serait pas si grande, car si le nombre des étrangers en France est de 100, celui des Français à l'étranger ne serait que de 47.

Par exemple, contre les 300.000 Italiens habitant la France (1), il y a à peine 15.000 Français ayant demandé l'hospitalité au jeune royaume. Si l'on admettait dans ce cas la réciprocité, objectent les protectionnistes, la France payerait vingt fois plus cher que l'Italie.

Certes, si l'on réduit le problème à ces calculs mesquins, l'arithmétique donnerait complètement raison à nos adversaires et le docteur Chevallereau n'aurait pas tort d'observer que « Marseille se consolerait difficilement des 208.000 francs qu'elle paye, chaque année, pour les malades italiens, en pensant aux quelques Marseillais qui peuvent se trouver malades en Italie (2) ».

Mais la question ne peut pas être posée ainsi. Jamais, dans les rapports entre État et État, lorsqu'il s'agit de services réciproques, qu'on se rend mutuellement dans l'intérêt commun de l'ordre social, on ne voit paraître la note de l'hôtelier ou du restaurateur. Ainsi, par exemple, pour le régime des extraditions, la France n'a jamais fait le calcul de ce qu'elle a dépensé pour l'extradition des criminels étrangers et de ce que représente pour les autres pays la remise aux autorités françaises de ses nationaux.

La question, même au point de vue économique, doit être considérée de bien plus haut.

(1) V. *L'immigration ouvrière en France*, par Laurent Dupuis, 1900.

(2) Cfr. Rapport présenté au Conseil supérieur de l'Assistance publique en 1896.

Ne s'agit-il pas du grand problème de l'émigration étrangère qui est pour la France une condition *sine qua non* de son existence ? La France est la mère stérile qui, pour peupler son foyer, doit recourir à la forme de l'adoption, en ouvrant tout grands ses bras aux étrangers. Elle lutte dans le domaine industriel et commercial avec des adversaires formidables. C'est dans l'élément étranger que la France trouve les recrues nécessaires et les alliés les plus précieux. Le manque de bras fait aussi que les indigènes s'abstiennent de s'adonner a des métiers qu'ils trouvent trop durs et trop dégradants. Quelle serait la situation de la France si ce vide énorme n'était pas rempli par l'émigration étrangère ? Que deviendrait la richesse de ses départements du nord, si le demi-million de Belges n'y apportait pas la puissance de son travail ? Comment le centre et le sud de la France pourraient-ils lutter avantageusement contre la concurrence étrangère sans les 300.000 Italiens qui viennent y rétablir l'équilibre économique (1) ? Et pourtant cet élément étranger qui rend de si grands services est trop souvent dénigré, sinon calomnié. On n'est pas tendre pour des *serviteurs*, nous citons les mots de M. Leroy-Beaulieu, « qui nous viennent en aide pour

(1) M. Haussmann, dans le rapport présenté au nom de la commission du travail chargée d'examiner plusieurs propositions de loi contre les ouvriers étrangers, reconnait que « telle exploitation dans le Midi ne marcherait pas si l'on ne pouvait employer les ouvriers italiens » (Chambre des députés, session de 1901, n. 2500.)

faire les grosses besognes, celles qui exigent de la force ». Il est vrai cependant que le même écrivain n'hésite pas à écrire plus tard, ouvrant les yeux à la vérité, que « quand on voit des ouvriers français se plaindre de ce que l'on occupe des ouvriers étrangers, on croirait se trouver en présence de sergents et de caporaux qui se plaindraient qu'on leur ait donné des soldats à commander ». Mais nous ne voulons pas recourir à des arguments superflus pour démontrer ici l'importance vitale qu'a pour la France la présence de l'élément étranger. C'est en quelque sorte un axiome pour les économistes exempts de préjugés. Les adversaires de l'émigration étrangère qui voient dans chaque ouvrier immigré un danger pour la richesse nationale, ont-ils jamais évalué le prix de revient d'un Français adulte lorsqu'il devient agent de production ?

Les ouvriers étrangers qui viennent en France sont au contraire des troupes excellentes toutes dressées qui ne lui coûtent pas un sou d'éducation, d'apprentissage ou d'entretien. Cette émigration arrive dans tout l'épanouissement de sa force et dans la sève puissante de sa jeunesse. C'est une infusion gratuite de sang chaud et riche. Pourquoi élever des barrières ? C'est dans l'intérêt même de l'industrie qu'on doit favoriser l'introduction des matières premières et des machines auxiliaires.

*
* *

Mais y a-t-il vraiment tant d'intérêt à défendre la bourse de la France, comme si l'hospitalisation accordée aux étrangers pouvait mener le pays à la banqueroute ? Examinons les chiffres. A Lille, les Belges assistés dans deux hôpitaux coûtent quelque chose de plus que 110.000 francs par an. A Roubaix et à Tourcoing, les frais de leur hospitalisation représentent à peu près la même somme. Les frais ne sont pas si élevés, étant donné le grand chiffre de l'émigration belge, car beaucoup de malades repassent la frontière pour rentrer se faire soigner chez eux.

Ce n'est pas contre l'*invasion* belge que sont dirigées les protestations des nationalistes, car au contraire, depuis 1885, on trouve même un parti assez nombreux qui les a pris sous sa protection. M. Aimé Houzé de l'Aulnoit a publié un éloquent appel à ses compatriotes (1) en faveur des ouvriers belges, généralisant ses conclusions afin d'obtenir l'admission aux secours des bureaux de bienfaisance de *tous* les indigents, quelles que soient leur nationalité et la durée de leur domicile dans la commune. Ajoutons que le Conseil municipal de Lille s'est toujours mon-

(1) *Les ouvriers belges à Lille*. Étude su[illegible]s conditions d'admissibilité des indigents étrangers aux secou[illegible]ublics, par M. Aimé Houzé de l'Aulnoit. Lille, Danel, 1885.

tré animé des sentiments de la plus grande philanthropie à l'égard de tous les indigents étrangers.

La question de l'assistance aux étrangers paraît plus difficile et la matière devient plus litigieuse lorsqu'il s'agit de l'émigration italienne.

Les accusations lancées contre nos compatriotes nous font trop souvent sourire par leur évidente exagération. On est allé jusqu'à affirmer très sérieusement que les Italiens viennent en France pour s'y faire soigner, comme s'il n'y avait pas assez d'assistance dans leur pays, l'un des mieux dotés en fait d'*Opere pie.* L'on a écrit à ce propos (1), en faisant allusion aux Italiens, « qu'on exploite la charité de la France » et que ce pays doit « cesser d'être l'amphitryon de la mendicité cosmopolite » !

Comment est-il possible à un homme de talent et de bonne foi de ne voir dans cette émigration étrangère qu'un *danger national, un danger moral et un danger économique* (2) !

(1) V. *L'invasion pacifique de la France par les étrangers*, de G. Marchal-Lafontaine. Paris, Dentu, 1886.

(2) Il est vraiment étonnant de voir comment certains écrivains français ne savent ou ne veulent pas comprendre tout ce que gagne la France à l'immigration des étrangers. Dans son *Traité d'économie politique* (Paris, 1896, p. 455), Ch Gide ne craint pas d'affirmer que même la présence des riches étrangers n'est pas un bonheur pour la France, car ils consomment, en échange du numéraire qu'ils apportent, une quantité de richesse précisément égale. Et M. Marchal-Lafontaine, que nous avons déjà cité, en développant ses arguments contre l'assistance aux étrangers, se plaint de ce que : « On accorde l'hospitalité aux mendiants, aux malingres, aux estropiés, aux saltimbanques de toute espèce, accourus de tous les points de

C'est la statistique de Marseille qui paraît mettre en mauvaise posture la question de l'assistance des Italiens. Marseille possède, à l'heure qu'il est, une colonie de 100.000 Italiens, et naturellement les relevés hospitaliers atteignent un chiffre assez important.

Considérons ce que nous disent les chiffres dans leur sobre éloquence. En 1879, les Italiens en traitement à l'Hôtel-Dieu et à la Conception étaient au nombre de 3.630 sur un total de 7.851 malades; ils avaient occasionné une dépense de plus de 280.000 fr. C'est alors que la commune approuva plusieurs mesures, pour ne pas ouvrir trop larges les portes des hôpitaux aux Italiens. Ainsi, en 1884, nous avons seulement 3.293 malades, qui deviennent 3.328 en 1885, et 3.847, l'année suivante, la population italienne de Marseille croissant toujours en nombre.

A la suite de la restriction Clauzel portant sur les six mois de séjour et sur la clause établissant qu'on ne donnerait pas de lits aux étrangers, s'il n'y en avait au moins trois vacants, nous avons pour les années suivantes des chiffres toujours en décroissance jusqu'à l'année 1893, qui représente le *minimum* des Italiens hospitalisés pendant un an à Marseille, savoir : 1.313. La dépense moyenne occasionnée à cet égard a été de 154.000 francs.

l'univers, et on accueille sans difficulté le rebut des deux continents ». « C'est en partie pour cela » (et cette affirmation prouve qu'il ne connaît guère le problème des grandes villes) « que Paris et tant d'autres villes sont devenues de prodigieuses cours des miracles ».

C'est à partir de 1894 que les chiffres augmentent : mais ils retombent d'une façon suivie pendant la période 1900-1904, où les frais d'hospitalisation représentent une moyenne de 244.000 francs par an (1).

Cette dépense soulève les hauts cris des adversaires de l'hospitalisation gratuite, qui se plaisent à relever en outre que le nombre des Italiens recueillis à Marseille est tout à fait disproportionné non seulement à celui des Français soignés dans les hôpitaux de la même ville, mais aussi à celui des malades indigènes admis en traitement dans la France entière.

Des recherches statistiques en effet tendraient à montrer que cette moyenne serait pour la France entière de 2,05 p. 100 habitants. Or, pour la ville de Marseille, nous avions en 1891, lorsque notre colonie montait à 70.000 habitants, une population hospitalière étrangère de 1.985 au lieu de 1.435 ; et en 1904, sur 100.000 Italiens, on trouve le chiffre de 2.522 au lieu de 2.050. Arrêtons-nous à ce dernier chiffre de 2.522, qui représenterait les 29,22 de la proportion des hôpitaux, tandis que les Italiens se trouveraient à Marseille dans la proportion de 1 contre 4 Français et demi.

L'argument est spécieux. Personne n'a jamais

(1) Cfr. aussi le rapport présenté par M. Maglione à la séance de la Commission du 14 juin 1882, imprimé en 1887 sous le titre : *Questions relatives à l'admission des malades étrangers dans les hôpitaux* ; celui adressé au Conseil supérieur de l'Assistance publique en 1896, par le docteur Chevallereau, et l'étude très documentée de M. Eugène Mouton, rédacteur à la préfecture des Bouches-du-Rhône.

songé au genre d'emplois exercés par les Italiens à Marseille : les métiers les plus durs, les plus antihygiéniques, qui ont une place privilégiée dans la statistique des maladies et des décès, sont tous dans les mains des Italiens (1). Il nous revient naturellement à la pensée le chiffre énorme de Chinois mourant dans les mines du Rand ! Il y a plusieurs années que, dans une étude, aujourd'hui oubliée, sur le vagabondage italien en Angleterre, l'auteur de ces lignes, en parlant de ses compatriotes, les avait appelés les « Chinois de l'Europe ». La phrase fit alors fortune : elle est restée malheureusement trop vraie. Nous la rappelons ici seulement pour constater que les autorités anglo-transvaaliennes n'ont jamais songé et ne songeraient guère à présenter à l'Empire céleste la note des frais de traitement de ses ressortissants.

*
* *

Pour les autres villes de France où l'immigration italienne est plus nombreuse, nous avons à Nice, pour une période de cinq ans une moyenne de 3.109 hommes, 3.340 femmes et 252 enfants malades.

Il faut noter que dans la catégorie des *traités*, on comprend aussi ceux qui ont été seulement *soignés* mais pas *admis*, c'est-à-dire plus de la moitié du chiffre

(1) On les emploie dans les huileries et dans les savonneries « à des besognes auxquelles les ouvriers français se refusent », et ils touchent de 2 fr. 50 à 3 francs par jour. (V. *Le Matin*, 5 avril 1901.)

total. En calculant largement, le nombre des journées de présence à raison de trente par individu et le prix des journées à 2 fr. 50, nous aurions une moyenne de 670 indigents italiens soignés à Nice, pesant sur le budget de la ville pour une somme qu'on peut évaluer à 70.000 francs.

Dans le même département, à quelques kilomètres de Nice, une autre agglomération importante d'Italiens se trouve à Cannes, où nous constatons comme mouvement hospitalier : 119 hommes, 82 femmes, 26 enfants, avec une moyenne de dépenses de 14 à 15.000 francs.

C'est la ville de Toulon qui vient immédiatement après Marseille et Nice comme centre italien en France. La statistique de ses hôpitaux nous donne, pendant les cinq dernières années, une moyenne de 470 malades étrangers et de 13.653 journées de présence. A raison de 2 fr. 30 (prix établi pour les malades admis gratuitement), l'assistance aux Italiens représenterait une dépense annuelle de 31.400 fr.

Quant à Lyon, la moyenne annuelle de la dépense est d'environ 44.775 francs, avec 630 malades.

Nous n'avons pas pu nous procurer la statistique de Paris, mais nous pouvons estimer les dépenses annuelles à 50.000 francs environ, pour les Italiens soignés dans ses hôpitaux. A Bordeaux, la dépense est minime et n'a jamais formé l'objet de doléances. Pour le reste de la France, les chiffres sont insignifiants. On pourrait donc calculer, sans crainte de se tromper, que pour la France entière le montant de la dépense annuelle requise par l'hospitalisation des indigents italiens atteint à peine un demi-million de francs. Ajoutez que si aucun remboursement de frais à cet égard ne saurait être, d'après notre avis, demandé par la France à l'Italie, nous pensons toutefois que la convention de réciprocité de secours à échanger entre les deux sœurs latines pourrait porter la clause de l'Acte passé, le 25 juin 1896, entre l'Autriche-Hongrie et l'Italie. Il permet de demander le remboursement à l'assisté lui-même, s'il est solvable, ou aux personnes tenues à son égard de la dette alimentaire. Cette clause est des plus justes, de même que le serait celle qui donnerait à l'État toute liberté de demander à l'autre le rapatriement des malades chroniques. On ôterait ainsi toute valeur à l'objection soulevée relativement aux lourdes charges qui, par la loi du 14 juillet 1905, seraient imposées au budget des contribuables français par le fait de l'assistance obligatoire aux vieillards infirmes et incurables indigents étrangers. Le rapatriement, qui aura lieu toujours quand il pourra être effectué sans danger pour leur santé ou celle d'autrui, empêchera la possibilité de ces inconvénients.

***

Il ne faudrait pas non plus s'émouvoir des autres conséquences qu'aurait, d'après les pessimistes, l'application pratique du principe de l'assimilation de l'ouvrier étranger à l'indigène, dans les nouvelles mesures qui sont à l'étude en fait de législation sociale. Rappelons que dans les différents projets de loi sur l'assistance obligatoire pour tous les ouvriers, on a admis que les patrons qui emploieraient des ouvriers étrangers, non susceptibles de bénéficier de l'assurance, devraient verser pour chacun d'eux une petite somme de quelques centimes par journée. On a même songé à rendre responsables d'une partie de la dépense pour l'hospitalisation des ouvriers étrangers, les patrons qui les emploient (1). Il n'y a donc aucun danger de ce côté. D'autre part, les sociétés de bienfaisance étrangères, qui seront, un jour, nous aimons à l'espérer, reconnues comme établissements d'utilité publique (2), sauront unir leurs efforts pour rendre moins lourdes les charges de l'État envers leurs nationaux. Nous n'aurons plus alors à constater des demandes du genre de celles adressées souvent à notre ambassade de Paris par des communes françaises, qui réclament le remboursement de frais d'hospitalisation d'ouvriers italiens habitant la France depuis 30 et 40 ans. On prétendait rendre respon-

(1) Vœu du Conseil supérieur de l'Assistance publique, fasc. 59.

(2) Rappelons la belle campagne faite dans ce but par notre regretté collègue, M. Emile Robert. Les sociétés étrangères devraient, tel est l'avis de M. G. Rondet, l'éminent secrétaire du Bureau international, « être encouragées le plus possible et autorisées à posséder civilement dans la mesure compatible avec la sécurité nationale ».

sables leurs communes d'origine... Ajoutons tout de suite que les demandes de ce genre, quoiqu'elles paraissent presque absurdes, trouvent pourtant malheureusement leur raison d'être dans les conditions de pauvreté de plusieurs petites communes françaises (1). L'intervention de l'État paraîtrait alors tout indiquée...

Mais il ne nous appartient nullement de suggérer ce qu'il faudrait faire pour mettre la législation actuelle française en état de répondre aux *desiderata* des autres pays. Nous exposons seulement ce qu'il nous semble nécessaire d'étaler aux yeux du public dans l'intérêt des Italiens en particulier et des étrangers en général. A la France seule appartient maintenant le choix des moyens les plus propices pour réparer le mal.

*
* *

Une force planant au-dessus des barrières artificielles tend à rapprocher de plus en plus hommes et peuples. L'expression de ce rapprochement est surtout dans la mutualité, qui, tout porte à le croire, sera la caractéristique du vingtième siècle. Après avoir triomphé d'ores et déjà dans les limites de chaque pays, la mutualité triomphera également au

(1) Il est juste de reconnaître qu'en règle générale, dans les grands centres, l'assistance aux étrangers est pratiquée en France de plus en plus. Nous nous plaisons à citer Paris, où les secours médicaux et pharmaceutiques sont accordés aux étrangers privés de ressources, aussi bien qu'aux Français, sans distinction.

point de vue international. Il faut, — nous citons les mots d'un grand philanthrope français, M. Louis Rivière, — *supprimer les frontières, en vue d'une amélioration du sort commun de l'humanité souffrante*. La solidarité entre les citoyens du même pays a pour corollaire la solidarité internationale. L'étranger n'est plus, comme autrefois, synonyme de barbare. La diplomatie et la politique de chaque État ne devraient obéir aujourd'hui qu'à un mot d'ordre : entente de tous en faveur et au profit de tous.

La France qui a toujours marché à la tête du progrès, après avoir donné aux autres États l'exemple de la *liberté* octroyée aux étrangers, saura donner celui de la véritable *égalité* et de la *fraternité* la plus complète en matière d'assistance. Elle vient de nous en fournir une dernière preuve dans la récente convention sur les accidents du travail (1) qui, sanc-

(1) Les adversaires de la main-d'œuvre étrangère avaient réussi à faire introduire, dans la loi du 9 avril 1898, des restrictions très graves, lorsqu'il s'agissait d'ouvriers n'ayant pas la nationalité française, qui étaient victimes d'accidents. La loi du 3 juin 1901 n'avait pas beaucoup modifié ces mesures, que même les légistes français taxaient d'inhumaines. (V. l'étude de M. Nissim Samama, avocat au Barreau de Marseille : *La loi du 9 avril 1898 sur les accidents du travail*. Marseille, 1902, p. 257.) Les nouvelles dispositions législatives promulguées le 31 mars 1905 ont pour base le principe de la réciprocité, déjà adopté par l'Allemagne et la Suède. Ajoutons que l'Angleterre, suivie, à quelques mois seulement d'intervalle, par l'Italie, a été la première, par sa loi du 6 août 1897, à ne faire aucune distinction entre les ouvriers indigènes et étrangers, *sans parler de réciprocité*. L'Espagne, la Russie et la Belgique appartiennent aussi à la même école. (Cfr. Magaldi. *Gli operai stranieri nelle leggi concernenti le assicurazioni sociali*. NUOVA ANTOLOGIA, 16 septembre 1905.)

tionnant l'égalité des droits des ouvriers indigènes et étrangers, reconnaît que la machine humaine ne varie pas de valeur ni de dignité, malgré son estampille étrangère.

Ce n'est que le premier pas. Mais la logique et le bon sens qui caractérisent la mentalité de la France feront sans doute comprendre à celle-ci la nécessité de franchir les obstacles insignifiants qui la séparent du triomphe décisif des idées chères à l'Humanité en marche.

FIN

TABLE DES MATIÈRES

PREMIÈRE PARTIE

MÉTIERS PITTORESQUES

DEUXIÈME PARTIE

QUELQUES FORMES DE L'ESCLAVAGE MODERNE

TROISIÈME PARTIE

AUTOUR DES MALADES ET DES DÉSHÉRITÉS

2200. — Tours, imprimerie. E. Arrault et Cie.

www.ingramcontent.com/pod-product-compliance
Ingram Content Group UK Ltd.
Pitfield, Milton Keynes, MK11 3LW, UK
UKHW020106200726
13856UKWH00002B/396

9 782013 625203